Kauderwelsch
Band 185

©nk

Barrio La Viña in Cádiz

El río Guadalquivir Der Guadalquivir
Va entre naranjos y olivos Er strömt durch Orangen und Oliven
Los dos ríos de Granada Die beiden Flüsse von Granada
Bajan de la nleve al trigo. Sie stürzen sich vom Schnee zum Weizen

Impressum

Fernando Gallego Outón & Rüdiger Müller
Spanisch für Andalusien – Wort für Wort
erschienen im
Reise Know-How Verlag Peter Rump GmbH
Osnabrücker Str. 79, D-33649 Bielefeld
info@reise-know-how.de

Bearbeitung & Layout	Claudia Schmidt, www.lektoratsservice.de
Layout-Konzept	Günter Pawlak, FaktorZwo! Bielefeld
Umschlag	Christine Schönfeld (Coverfoto: Wolfgang Bauer)
Kartographie	Iain Macneish
Fotos	Wolfgang Bauer (ba), Petra Neukirchen (nk), W. Bauer & P. Neukirchen (bn), joserpizarro@Fotolia.com (Nachweise am jeweiligen Foto)
Druck & Bindung	Werbedruck GmbH Horst Schreckhase, Spangenberg

ISBN 978-3-8317-6491-4
Printed in Germany

Wer im Buchhandel kein Glück hat, bekommt unsere Bücher
zuzüglich Porto- und Verpackungskosten auch direkt über
unseren Internet-Shop: ***www.reise-know-how.de***

Die Internetseiten mit Aussprachebeispielen und der Zugriff
auf diese über QR-Codes sind eine freiwillige, kostenlose
Zusatzleistung des Verlages. Der Verlag behält sich vor, die
Bereitstellung des Angebotes und die Möglichkeit der
Nutzung zeitlich und inhaltlich zu beschränken. Der Verlag
übernimmt keine Garantie für das Funktionieren der Seiten
und keine Haftung für Schäden, die aus dem Gebrauch der
Seiten resultieren. Es besteht ferner kein Anspruch auf eine
unbefristete Bereitstellung der Seiten.

Der Verlag möchte die **Reihe Kauderwelsch** weiter ausbauen
und **sucht Autoren!** Mehr Informationen finden Sie unter
www.reise-know-how.de/rkh_mitarbeit.php

Kauderwelsch

F. Gallego Outón
Rüdiger Müller

Spanisch für Andalusien

Wort für Wort

Para Barbara Händel: mi Sur.

A mis padres: en el Sur.

Kauderwelsch heißt:

- Schnell mit dem **Sprechen** beginnen, auch wenn nicht immer alles korrekt ist.
- Von der **Grammatik** wird nur das Wichtigste in einfachen Worten erklärt.
- Alle Beispielsätze werden doppelt ins Deutsche übertragen: erst **Wort-für-Wort,** dann in normales Deutsch. Die Wort-für-Wort-Übersetzung hilft, die neue Sprache schneller zu durchschauen, außerdem lassen sich dadurch leichter einzelne Wörter im fremdsprachigen Satz austauschen.
- Es geht um die **Alltagssprache,** also das, was man tatsächlich auf der Straße hört.
- Die **Autoren** sind entweder Reisende, die die Sprache im Land selbst gelernt haben, oder Muttersprachler.

Kauderwelsch-Sprachführer sind keine Lehrbücher, aber viel mehr als traditionelle Reisesprachführer. Wer ein wenig Zeit investiert, einige Vokabeln lernt und die Sprache im Land anwendet, wird **Türen öffnen,** ein Lächeln ins Gesicht zaubern und reichere Erfahrungen machen.

Talk to each other!

Kauderwelsch zum Anhören

Einzelne Sätze und Ausdrücke aus diesem Buch können Sie sich **kostenlos anhören.** Diese **Aussprachebeispiele** erreichen Sie über die im Buch abgedruckten QR-Codes oder diese Adresse: www.reise-know-how.de/kauderwelsch/049

Die Aussprachebeispiele im Buch sind Auszüge aus dem umfassenden Tonmaterial, das unter dem Titel **„Kauderwelsch Aussprachetrainer Persisch"** separat erhältlich ist – als Download über Online-Hörbuchshops (ISBN 978-3-95852-101-8) oder als CD im Buchhandel (ISBN 978-3-95852-351-7). Beide Versionen erhalten Sie auch über unsere Internetseite:

▸ **www.reise-know-how.de**

Alle Sätze, die Sie auf dem Aussprachetrainer hören können, sind in diesem Buch mit einem ♪ gekennzeichnet.

Inhalt

Grammatik

Inhalt

©bn

Ronda, die Stadt über der Schlucht

Bei dem Wort „Andalusien" werden Assoziationen an Flamenco und Stierkampf geweckt. Doch abgesehen von diesen Klischees ist Andalusien eine Region Spaniens, die widersprüchlich ist, die gleichermaßen fasziniert und schockiert. Die Andalusier sind stolz, andaluces zu sein, und sie haben ihre eigene Sprache, ihren eigenen Dialekt, der im Alltagsgebrauch wenig mit dem offiziellen Spanisch zu tun hat.

Mit mehr als 7 Millionen Einwohnern und einem Gebiet von über 87.200 km² sind die Andalusier sehr stolz auf ihre Sprache und ihr Land. Die Separations- bzw. Autonomiebestrebungen sind nicht vergleichbar mit denen im Baskenland oder Katalonien und selbst Galicien, aber die andaluces sprechen zu Recht von „ihrer" Sprache. In der grammatischen Struktur unterscheidet sie sich zwar nur unwesentlich vom offiziellen Spanisch. Sie werden jedoch erstaunt sein, wie sehr das Andalusische, vor allem im Wortschatz, vom Spanischen abweicht. Wir möchten Ihnen die Alltagssprache Andalusiens näher bringen, die Fallen und Schwierigkeiten, die sich dort für einen guiri (Ausländer) auftun, und vor allem den reichen andalusischen Wortschatz und die kulturellen Gegebenheiten darstellen.

Viel Erfolg bei Ihren (auch sprachlichen) Begegnungen mit Andalusien!

Hinweise zur Benutzung

Der Kauderwelsch-Band „Spanisch für Andalusien" ist in die Abschnitte *Grammatik, Konversation* und *Wörterliste* gegliedert:

Die **Grammatik** beschränkt sich auf das Wesentliche und ist so einfach gehalten wie möglich. Deshalb sind auch nicht sämtliche Ausnahmen und Unregelmäßigkeiten der Sprache erklärt. In der **Konversation** finden Sie Sätze aus dem Alltagsgespräch, die Ihnen einen ersten Eindruck davon vermitteln sollen, wie Spanisch für Andalusien „funktioniert", und die Sie auf das vorbereiten sollen, was Sie später in Andalusien hören werden. Jede Sprache hat ein typisches Satzbaumuster. Um die sich vom Deutschen unterscheidende Wortfolge der spanischen Sätze zu verstehen, ist die **Wort-für-Wort-Übersetzung** in kursiver Schrift gedacht. Wird *ein* spanisches Wort im Deutschen durch *zwei* Wörter übersetzt, werden diese in der Wort-für-Wort-Übersetzung mit einem Bindestrich verbunden:

Durch einen Schrägstrich werden alternative Varianten gekennzeichnet. Manchmal beziehen sich diese auf männliche und weibliche Formen, die davon abhängen, ob ein Mann oder eine Frau spricht oder angesprochen werden soll.

Tengo que irme.
(ich-)besitze dass gehen-mich
Ich muss gehen.

Y él, ¿quién es?
und er wer (er-)ist
Und er, wer ist er?

Encantado / Encantada.
verzaubert(m/w)
Sehr erfreut.
(sagt Mann / Frau)

Eres muy lindo / linda.
bist sehr schön(m/w)
Du bist sehr hübsch.
(zu Mann / Frau)

Mit Hilfe der Wort-für-Wort-Übersetzung können Sie bald eigene Sätze bilden. Sie können die Beispielsätze als Fundus von Satzschablonen und -mustern benutzen, die Sie Ihren eigenen Bedürfnissen anpassen. Um Ihnen das zu erleichtern, ist ein Teil der Beispielsätze nach allgemeinen Kriterien geordnet.

Die **Wörterlisten** am Ende des Buches enthalten einen Grundwortschatz von je ca. 1000 Wörtern „Deutsch–Spanisch" und „Spanisch–Deutsch", mit denen man schon eine ganze Menge anfangen kann.

Die **Umschlagklappe** hilft, die wichtigsten Sätze und Formulierungen stets parat zu haben. Aufgeklappt ist der Umschlag eine wesentliche Erleichterung, da nun die gewünschte Satzkonstruktion mit dem entsprechenden Vokabular aus den einzelnen Kapiteln kombiniert werden kann. Das Kapitel „Nichts verstanden ? – Weiterlernen!" befindet sich ebenfalls im Umschlag, stets bereit, mit der richtigen Formulierung für z. B. „Ich habe leider nicht verstanden" oder „Wie bitte?" auszuhelfen.

Das persönliche Fürwort, das in der Wort-für-Wort-Übersetzung der Deutlichkeit halber bei Verbformen in Klammern ergänzt ist, kann entfallen, wenn die deutsche Verbform eindeutig ist (z. B. „bin", „ist", „kommst" usw.).

m	männlich (maskulin)	
w	weiblich (feminin)	
Ez	Einzahl (Singular)	
Mz	Mehrzahl (Plural)	
U	Umstandswort (Adverb)	
!	Befehlsform	
[...]	Laute, die im Andalusischen in der gesprochenen Sprache entfallen	

Abkürzungen

Seitenzahlen

Auf jeder Seite wird die Seitenzahl auch auf Spanisch angegeben!

Über die Sprache

Das Andalusische, ein Dialekt des Kastilischen (castellano, offizieller Ausdruck für das Spanische), wird in Andalusien, einer Region mit einer Fläche von über 87.200 km², von nahezu 7 Millionen Menschen gesprochen, wobei es viele regionale Besonderheiten gibt. So unterscheidet sich das Andalusische in Córdoba vom dem Andalusischen in Cádiz. Málaga entwickelt wieder Besonderheiten im Vergleich zu dem Andalusisch in Sevilla. Es ist daher nicht ganz korrekt, von *dem* Andalusischen zu sprechen. Wir verzichten jedoch darauf, die regionalen Besonderheiten im Einzelnen aufzuzeigen.

Eine besondere Eigenschaft des Andalusischen ist seine außerordentli-

Sehr verbreitet sind die Übertreibung und der Gebrauch der Verkleinerungsformen. Mamita, doñita, ay, chucha usw. sind häufig gehörte Vernidlichungsformen.

che lexikalische Heterogenität. Seit längerem wird über die Besonderheiten des Andalusischen diskutiert, die Unterschiede sind auch von der Academia de la lengua española anerkannt, weniger in Bezug auf die Grammatik als vielmehr im Gebrauch bestimmter alltäglicher Begriffe und den Wortschatz. Man schreibt Spanisch, aber man redet Andalusisch. Aber selbst grammatikalische Fehler in der Schreibweise, wie z. B. der Wegfall des -s am Wortende oder den Wegfall des -d in der Perfektform sind in Andalusien häufiger zu beobachten. Durch das fehlende -s lassen sich Ein- und Mehrzahl nicht mehr unterscheiden oder die 2. von der 3. Person oder die 1. Person in bestimmten Zeitstufen. Der Verlust des -s führt auch dazu, dass sich bestimmte Wortpaare, wie z. B. tragarse el pisto *(angeben)* und tragarse el pito *(das ist mir ziemlich egal)* oder sentarse en un risco *(sich an einem wichtigen Abschnitt befinden)* und sentarse en un rico *(sich wie ein Reicher fühlen)*, klanglich nicht mehr unterscheiden lassen.

Die Musikalität der Aussprache ist ein weiteres Phänomen, das das andalusische Spanisch mit dem castellano Lateinamerikas, z. B. Costa Ricas oder Cubas, verbindet. Vor dem geschichtlichen Hintergrund ist der Einfluss des Arabischen und der der Sprache der Roma (gitanos) im Andalusischen sehr groß: duende *(Geist, Esprit* beim Flamenco), acequia *(Wassergefäß)*, guachisnao *(trocken, traurig)*, bastinazo *(etwas sehr Außergewöhnliches)*. Viele Besonderheiten im andalusischen Spanisch sind auf den engen Kontakt mit dem lateinamerikanischen Kontinent zurückzuführen. Es gibt viele Besucher Andalusiens und Cubas, die in Cádiz „Klein-Habana" sehen: Cádiz es como La Habana, con menos negritos. *(Cádiz ist wie Havanna, nur mit weniger Schwarzen.)*

Unverhältnismäßig oft werden familiäre Begriffe und emotionale Floskeln gebraucht: Mi a[l]rma *(meine Seele)*, mi corazón *(mein Herz)*, quillo *(Kumpel)*, qué resalado *(sehr witzig)*, qué soso *(langweilig)*, ebenso oft (im restlichen Spanien ungewohnt) zum Teil vulgäre Begrifflichkeiten verwendet, um Zustimmung oder Ablehnung auszudrücken: cabronazo *(cabrón „Schweinehund")*. Diese Beleidigung kann aber auch bei korrekter und üblicher Betonung und durch Hinzufügen von neutralen Bezugswörtern als Kompliment ausgedrückt werden: Qué cabrón el tío, quillo. *(„was Schweinehund der Onkel, Kumpel" = Was für ein Schlawiner der Typ ist, mein Lieber.)*.

Selbst die im umgangs-prachlich nicht gerade prüden Restspanien abgelehnten Begriffe erhalten in Andalusien eine besondere familiäre, kumpelhafte Konnotation: Picha y chocho *(„Schwanz und Schwein" = Das ist ja super!)*.

Aussprache & Betonung

Das andalusische Spanisch unterscheidet sich insbesondere in der Aussprache und durch den Wegfall einzelner Satzteile bzw. Buchstaben vom offiziellen Spanisch. Hier sind vor allem die im Süden Spaniens bekannten Phänomene des seseo und ceceo, der Wegfall des s am Satzende, der Wegfall des d bei der Bildung des Partizips sowie der Wegfall des r in bestimmten Wortbildungen zu nennen.

Selbstlaute (Vokale)

Die andalusischen Selbstlaute sind identisch mit den standardspanischen. Es gibt keine Unterschiede zwischen langen und kurzen Selbstlauten.

Bei der Verbindung zwischen zwei bzw. drei Selbstlauten wird jeder Selbstlaut einzeln ausgesprochen.

ie	getrennt gesprochen wie in „R**ije**ka"
	quieto [ki-eto] *(ruhig)*
ei	getrennt gesprochen wie in „b**ei**nhalten"
	aceite [aße-ite] *(Olivenöl)*
eu	getrennt gesprochen wie in „b**eu**nruhigt"
	Eusebio [E-ußebio] *(Eusebio)*

Mitlaute (Konsonanten)

b, v	Laut zwischen deutschem „b" und w", am Wortanfang wie „b"
	babucha [babutscha] *(Pantoffel)*
	voltear [woltear] *(umdrehen, umkehren)*
c	vor a, o, u und Mitlauten wie „k"
	cama [kama] *(Bett)*, **como** [komo] *(wie)*
	vor e, i wie stimmloses „ss" in „Ma**ss**e"
	cena [ßena] *(Abendessen)*, **cine** [ßine] *(Kino)*
cc	„kss" wie „chs" in „A**chs**e"
	acción [akßion] *(Handlung, Aktion)*

Die einzelnen Buchstabenverbindungen werden in den meisten Fällen wie im Deutschen ausgesprochen.

ch	„tsch" wie in „Ma**tsch**"
	mucho [mutscho] *(viel)*
	vor a, o, u und Mitlauten wie „g"
	gato [gato] *(Katze)*, **gordo** [gordo] *(dick)*
gue	wie „ge"
	guerra [gerra] *(Krieg)*
gui	wie „gi"
	guitarra [gitarra] *(Gitarre)*
güe, güi	wie „gue" bzw „gui": soll das u vor e und i hörbar sein, steht statt u ein ü
	ungüento [unguento] *(Salbe)*
gua	wie „gua" (vor a ist das u immer hörbar!)
	agua [agua] *(Wasser)*
h	stumm, wird nicht gesprochen
	huevo [u-ewo] *(Ei)*
j	raues „ch" wie in „Ba**ch**"
	jugo [chugo] *(Saft)*
ll	„j" wie in „**J**äger"
	paseíllo [paße-ijo] *(Stierkampfarena)*
ñ	„nj" wie in „A**nj**a"
	niño [ninjo] *(Kind)*
qu	„k" wie in „**K**äse"
	queso [keßo] *(Käse)*, **quillo** [kijo] *(Verliebtheit)*
r	Zungenspitzen-R mit nur einem „Schlag", am Wortanfang stark gerollt
	pero [pero] *(aber)*
	rebujiña [rrebuchinja] *(Tumult, Gezänk)*
rr	**rr** wird stark gerollt
	perro [perro] *(Hund)*
s	stimmloses „s" wie in „Ma**ß**", am Silben- bzw. Wortende meist verschluckt, vor stimmhaften Mitlauten stimmhaft
	sopa [ßopa] *(Suppe)*, **tre[s]** [tre] *(drei)*, **Lisboa** [lißboa] *(Lissabon)*
v	„w" wie in „**W**asser"
	olivos [oliwos] *(Olivenbaum)*

x	das x wird normalerweise wie das deutsche „x" ausgesprochen. **taxi** [takßi] *(Taxi)*
y	vor Selbstlauten wie „j" in „**J**unge"; alleinstehend oder am Wortende wie „i" **ayer** [ajer] *(gestern)*, **hoy** [oi] *(heute)*
z	scharfes „s" wie in „Bu**s**" **zampar** [ßampar] *(hinunterschlingen)*

Sehr häufig entfallen in bestimmten Regionen Andalusiens die Silben -ra und -re, so z. B bei para, mirar, tener, querer.

Quie[re] ir a Sevilla pa[ra] ver su nieta.
kié ir a ßevija pa ver a ßu njeta
(er-)will gehen nach Sevilla für sehen seine Enkelin
Er / Sie möchte nach Sevilla, um seine / ihre Enkelin zu sehen.

Mi[r]a, qué bonita la fiesta.
mia ke bonita la fiesta
sieh was schöne(w) die Feier
Sieh mal, wie schön die Feier ist.

Betonung

Die meisten Wörter enden auf Selbstlaut, n oder s. Dann wird jeweils die vorletzte Silbe betont. Wenn eine Silbe einen Akzent hat, wird diese betont. Bei allen anderen Wörtern wird die letzte Silbe betont.

Akzente stehen auch zur Unterscheidung von gleichlautenden Wörtern und bei Fragewörtern.

estanco	eß-<u>tan</u>-ko	Tabakladen
mujer	mu-<u>cher</u>	Frau
roal	rro-<u>al</u>	Kreis
como – ¿cómo?		so wie – wie?

Eine Besonderheit im Andalusischen stellt jedoch der so genannte seseo dar, d. h. c vor e und i spricht man nicht wie das englische stimmlose „th" aus, sondern eher wie im Deutschen das scharfe „s" (wie in „Bu**s**"). Das Gleiche passiert auch beim z: Auch hier wird vor den genannten Selbstlauten ein starkes „s" gesprochen. Dies führt in der Praxis zu uneindeutigen und oft unverständlichen Situationen. In beiden Fällen – dem seseo und dem ceceo – kann es durch die unterschiedliche Aussprache zu Missverständnissen kommen!

	pozo *(Brunnen)*	**poso** *(Bodensatz)*
spanisch	potho	poßo
andalusisch	poßo	poßo

Das englische stimmlose „th" wird hier in der Lautschrift durch th wiedergegeben.

La niña toma agua del pozo.
la ninja toma agua del poßo
die Mädchen (sie-)nimmt Wasser von-der Brunnen
Das Mädchen nimmt Wasser aus dem Brunnen.

Pepe está haciendo huevo[s] con chorizo.
Pepe eßtaa aßiendo uewo kon tschorißo
Pepe (er-)ist machend Eier mit Chorizo
Pepe ist dabei, Eier mit Chorizo zuzubereiten.

Lo[s] zapato[s] están sucio[s].
lo ßapato eßtaan ßußio
Die Schuhe sind schmutzig.

In Almería und dem andalusischen Hinterland (Gebiet zwischen Jaén, Granada und Almería) kann man das gegenteilige Phänomen beobachten, den ceceo, d. h. aus einem korrekten „s / ss" im Spanischen wird ein englisches stimmloses „th".

	casa *(Haus)*	**caza** *(Jagd)*
spanisch	kaßa	katha
andalusisch	katha	katha

La[s] cosita[s] son así.
la kothita thon athi
Die Dinge sind so, wie sie sind.

Él trabaja en casa.
el trabacha en katha
Er arbeitet zu Hause.

Wörter, die weiterhelfen

Für die hier vorgestellten Floskeln braucht man noch keine Grammatikkenntnisse. Setzen Sie einfach passende Wörter aus den Wörterlisten ein.

Quiero ... (Ich möchte ...)

Quiero un tinto.
(ich-)will ein Wein
Ich möchte einen Wein.

Quiero un cafecito.
(ich-)will ein Kaffeechen
Ich möchte einen Kaffee.

Busco ... (Ich suche ...)

Hier ein paar wichtige Wörter, die Sie in einige Sätze einsetzen können:
una farmacia *(eine Apotheke)*,
un médico *(ein Arzt)*,
un banco *(eine Bank)*,
el aeropuerto *(der Flughafen)*,
una tienda *(ein Geschäft)*,
el hospital *(das Krankenhaus)*,
la policía *(die Polizei)*,
el correo *(die Post)*.

Busco un hotel.
(ich-)suche ein Hotel
Ich suche ein Hotel.

Busco un restaurante.
(ich-)suche ein Restaurant
Ich suche ein Restaurant.

¿Hay ... ? (Gibt es ... ?)

¿Hay un hotel por allí?
es-gibt ein Hotel durch hier
Gibt es hier ein Hotel?

¿Hay un banco por allí?
es-gibt ein Bank durch hier
Gibt es hier eine Bank?

¿Dónde hay ... ? (Wo gibt es ... ?)

¿Dónde hay un teléfono?
wo es-gibt ein Telefon
Wo gibt es ein Telefon?

¿Dónde hay una tienda?
wo es-gibt eine Laden
Wo gibt es ein Geschäft?

¿Dónde está ... ? (Wo ist ... ?)

¿Dónde está el baño?
wo (er-)befindet der Bad
Wo ist die Toilette?

¿Dónde está la parada?
wo (er-)befindet die Halt
Wo ist die Haltestelle?

¿Tiene ... ? (Haben Sie ...?)

¿Tiene una habitación libre?
(er-/sie-)besitzt eine Zimmer frei
Haben Sie ein freies Zimmer?

Sí, tengo.
ja, (ich-)besitze
Ja, habe ich.

No, no tengo.
nein, nicht (ich-)besitze
Nein, habe ich nicht.

¿Cuánto sale ... ? (Wie viel kostet ... ?)

¿Cuánto sale la entrada?
wieviel rausgeht die Eintritt
Wie viel kostet der Eintritt?

¿Cuánto sale eso?
wieviel rausgeht jenes
Wie viel kostet das da?

Nach dem Preis fragt man in Geschäften mit mit ¿Cuánto vale ... ? oder ¿Cuánto cuesta ... ? In Restaurants verwendet man die höflichere Form La cuenta, por favor. In Kneipen und Bars, aber auch in Cafés ist es in Andalusien üblich, ¿Cuánto te doy? *(Wie viel schulde / gebe ich dir?)* zu sagen.

por favor / gracias (bitte / danke)

Un café con leche, por favor.
ein Kaffee mit Milch wegen Gefallen
Einen Kaffee mit Milch, bitte.

Una cervecita, por favor.
eine Bierchen wegen Gefallen
Ein Bier, bitte.

Gracias.
Danke
Danke.

Hauptwörter

Anders als im Deutschen werden die Hauptwörter nicht gebeugt. Man muss sich also lediglich das grammatische Geschlecht merken und die Mehrzahlbildung beachten. Es gibt im Spanischen nur männliche und weibliche Hauptwörter (abgekürzt *m* und *w*).

Männliche Hauptwörter enden meistens auf -o, -or, -l oder -n.

el capacho	die geflochtene Einkaufstasche
el roal	der Kreis
el comedor	der Speisesaal
el algarín	der junge Mann

Weibliche Hauptwörter enden in der Regel auf -a, -ad, -ión oder -z.

la bicha	die Schlange
la canción	das Lied
la ciudad	die Stadt
la paz	der Friede

Bei Personen wird die weibliche Form des Hauptwortes häufig durch Hinzufügen eines -a gebildet. In anderen Fällen wird die männliche Endung -o durch -a ersetzt.

señor	Herr	**señora**	Dame
andaluz	Andalusier	**andaluza**	Andalusierin
quillo	Verliebter	**quilla**	Verliebte
abuelito	Großvater	**abuelita**	Großmutter

Für einige männliche und weibliche Entsprechungen gibt es wiederum eigene Wörter:

compadre	Freund	**comadre**	Freundin
hombre	Mann	**mujer**	Frau

Die Namen von Meeren, Flüssen und Bergen sind in der Regel männlich:

el Guadalquivir	der Guadalquivir
el (pico) Veleta	der Berg Veleta

Artikel

Es gibt im Andalusischen (Spanischen) den bestimmten und den unbestimmten Artikel. Anders als im Deutschen hat der unbestimmte Artikel auch eine eigene Form für die Mehrzahl.

bestimmter Artikel		unbestimmter Artikel	
m	*w*	*m*	*w*
el *(der)*	**la** *(die)*	**un** *(ein)*	**una** *(eine)*
los *(die)*	**las** *(die)*	**unos** *(einige)*	**unas** *(einige)*

el / un chiquillo   **los / unos chiquillos**
der / ein Junge   die / einige Jungen

Bei weiblichen Hauptwörtern, die mit einem betonten a- oder ha- beginnen, wird der (scheinbar) männliche Artikel el verwendet, um das Aufeinanderstoßen zweier a zu vermeiden. Dazu gehören z. B.:

el agua *(w)*	**el hada** *(w)*	**el arma** [alma] *(w)*
das Wasser	die Fee	die Seele

Diese Hauptwörter bleiben jedoch weiblich. Eigenschaftswörter, die sich auf diese Hauptwörter beziehen, werden also weiblich gebeugt.

el agua fría
der Wasser(w) kalte(w)
das kalte Wasser

Mehrzahl

Die Faustregel lautet: Hauptwörter, die in der Einzahl auf Selbstlaut enden, bilden die Mehrzahl mit einem angehängten -s; Hauptwörter, die auf Mitlaut enden, hängen für die Mehrzahl -es an.

la bicha	die Schlange
las bichas	die Schlangen
el corazón	das Herz
los corazones	die Herzen

Der Reisende, der ein „korrektes" Andalusisch sprechen möchte, sollte das -s am Wortende weglassen. Dieser letzte Mitlaut, der die Mehrzahl markiert, entfällt aufgrund einer kurzen Betonung.

uno, dó, tré, cuatro, cinco (1, 2, 3, 4, 5)
(statt schriftspanisch: uno, dos, tres, cuatro, cinco)

Bei Wörtern, die auf -z enden, wird aus dem -z ein -c, gefolgt von der Endung -es.

el altramuz	die Lupine
los altramuces	die Lupinen

Besonderheiten: Wortteile entfallen

Sehr häufig werden Endungen eines Wortes nicht gesprochen. Dies ist besonders bei dem auslautenden -s der Fall. Anfängern bereitet dies erhebliche Schwierigkeiten. Man kann generell davon ausgehen, dass in allen Regionen Andalusiens dieses Phänomen auftritt, vor allem aber im Landesinnern.

Él se va pa' casa. [statt: Él se va para casa.]
er sich (er-)geht für Haus
Er geht nach Haus.

Lo[s] zapato[s] están sucio[s].
die(Mz) Schuhe (sie-sich-)befinden schmutzige(Mz)
Die Schuhe sind schmutzig.

La[s] seguidilla[s] son muy interesante[s].
die(Mz) Dichtungen (sie-)sind sehr interessante(Mz)
Die Dichtungen sind sehr interessant.

Verkleinerungs- & Vergrößerungsform

Statt der spanischen Verkleinerungsendungen -ito (m) / -ita (w) setzen die Andalusier -illo (m) / -illa (w) ein. Und statt der im restlichen Spanien gebräuchlichen Vergrößerungsendungen -ote (m) und -ota (w), verwendet man in Andalusien -azo (m) / -aza (w).

Die Andalusier verwenden gerne und oft die Verkleinerungs- bzw. Vergrößerungsformen aufgrund ihres oft kumpelhaften oder ironischen Umgangstons.

un chico / chiquillo / chicazo	ein Junge
una chica / chiquilla / chicaza	ein Mädchen

Die Verkleinerungs- und Vergrößerungsform werden nicht nur an Hauptwörter, sondern auch an Eigenschafts- und Umstandswörter angehängt.

Dieses & Jenes

Im Gegensatz zum Deutschen kennt das Spanische drei hinweisende Fürwörter („dieses" und „jenes"). Ihr Gebrauch richtet sich nach der Entfernung vom Sprecher. Este *(dieses hier)* weist auf eine Sache oder Person hin, die sich nahe beim Sprecher befindet, ese *(dieses da)* auf etwas, das weiter entfernt ist oder sich beim Angesprochenen befindet.

Die hinweisenden Fürwörter stehen vor dem Hauptwort, auf das sie sich beziehen, und richten sich in Zahl / Geschlecht nach diesem.

	m	w	s
Einzahl	**este**	**esta**	**esto**
Mehrzahl	**estos**	**estas**	
Einzahl	**ese**	**esa**	**eso**
Mehrzahl	**esos**	**esas**	
Einzahl	**aquel**	**aquella**	**aquello**
Mehrzahl	**aquellos**	**aquellas**	

Aquel (jenes) verweist auf etwas, das örtlich oder auch zeitlich entfernt liegt und wird häufig auch in abschätziger Bedeutung gebraucht.

este chiquillo	dieser Junge / Typ hier
esa casa	dieses Haus
aquel capacho	jene Einkaufstasche

Eigenschaftswörter

Eigenschaftswörter (Adjektive) stehen meist nach dem Hauptwort, auf das sie sich beziehen, und richten sich in Zahl und Geschlecht nach diesem. Die männliche Form des Eigenschaftswortes endet in der Regel auf -o, die weibliche Form auf -a.

el hombre cuajao
der Mann erfolgreich
der erfolgreiche Mann

la niña guapa
die Mädchen schöne(w)
das schöne Mädchen

las lidias fantásticas
die(w Mz) Stierkämpfe fantastische(w Mz)
die wunderbaren Stierkämpfe

Bei einigen Eigenschaftswörtern, vor allem bei jenen, die auf -e oder -l enden, stimmen männliche und weibliche Form überein.

un hombre carajote
ein Mann tölpelhaft
der Tölpel

una mujer carajote
eine Frau tölpelhaft
die dumme Frau

un problema difícil
ein schwieriges Problem

una cosa difícil
eine schwierige Sache

Die Mehrzahl wird wie bei den Hauptwörtern gebildet: Endet das Eigenschaftswort auf einen Selbstlaut, wird -s angehängt, endet es jedoch auf einen Mitlaut, hängt man -es an. Bei Wörtern, die auf -z enden, wird -z durch -ces ersetzt.

achicado	**achicados**	kindisch
guasón	**guasones**	ironisch
difícil	**difíciles**	schwierig
feliz	**felices**	glücklich

Die Eigenschaftswörter bueno *(gut),* malo *(schlecht)* und grande *(groß)* stehen jedoch meistens vor dem

Hauptwort. Vor einem männlichen Hauptwort werden bueno und malo – wie auch die Ordnungszahlen primero *(erster)* und tercero *(dritter)* – verkürzt, d. h. die Endung -o entfällt.

un buen pibe	ein guter Kumpel
el primer día	der erste Tag
un mal día	ein schlechter Tag
una gran cogorza	ein mächtiger Rausch

Grande wird sowohl vor einem männlichen als auch vor einem weiblichen Hauptwort zu gran verkürzt.

Die Eigenschaftswörter mucho / mucha *(viel)*, poco / poca *(wenig)* und otro / otra *(ein anderer)* stehen immer vor dem Hauptwort und richten sich in Zahl und Geschlecht nach diesem. Vor otro steht übrigens nie der unbestimmte Artikel!

mucho parné	**poco duende**	**otra copla**
viel Geld	*wenig Pfiff*	*anderes Lied*
viel Geld	wenig Esprit haben	noch ein Lied

Steigern & Vergleichen

Um ein Eigenschaftswort zu steigern, wird das Wort más *(mehr)* verwendet, das beim Komparativ (1. Steigerungsstufe) vor die Eigenschaftswort gestellt wird. Der Superlativ (2. Steigerungsstufe) wird gebildet, indem zusätzlich der bestimmte Artikel vorangestellt wird. Dabei richtet sich das Eigenschaftswort und der Artikel in Zahl und Geschlecht nach dem dazugehörigen Hauptwort.

canino	**má[s] canino**	**el má[s] canino**
canina	**má[s] canina**	**la má[s] canina**
dünn	dünner	am dünnsten

Einige häufig verwendete Eigenschaftswörter haben unregelmäßige Steigerungsformen:

mucho	viel	**má[s]**	mehr
poco	wenig	**meno[s]**	weniger
bueno	gut	**mejor**	besser
malo	schlecht	**peor**	schlechter
grande	groß	**mayor**	größer
chico	klein	**menor**	kleiner

Statt mayor *kann man auch* más grande *sagen, und statt* menor *auch* más chico. *Achtung: Bei Personen bedeutet* mayor *„älter" und* menor *„jünger", während die Körpergröße mit* alto *(hoch) und* bajo *(niedrig) ausgedrückt wird. Des Weiteren besteht die Möglichkeit, mit Hilfe des Umstandswortes* muy *(sehr) eine Steigerung auszudrücken. Es steht grundsätzlich vor dem Eigenschaftswort.*

Pepe es el má[s] majaro tío del pueblo.
Pepe (er-)ist der mehr verrückter Typ von-der Dorf
Pepe ist der verrückteste Typ aus dem Dorf.

¡Busco el mejor bar del barrio!
(ich-)suche der bessere Kneipe von-der Viertel
Ich suche die beste Kneipe im Viertel!

muy mal hecho　　　　　**un niño muy malo**
sehr schlecht gemacht　　ein sehr schlechter Junge

Ein Unterschied wird mit más / menos que *(mehr / weniger … als)* – bzw. mit den unregelmäßigen Formen – und eine Gleichheit mit tan … como *(so … wie)* ausgedrückt. Das Eigenschaftswort richtet sich in Zahl und Geschlecht nach dem Satzgegenstand.

Achtung (¡Ojo!): Choco *bedeutet auch „Haschisch, Shit" usw.*

Este choco es más caro que ese.
diese Schokolade (sie-)ist mehr teuer als jene
Diese Schokolade ist teurer als jene.

Pepe e[s] meno[s] alto que Manuel.
Pepe (er-)ist weniger groß als Manuel
Pepe ist kleiner als Manuel.

Cádi[z] e[s] tan bonita como Sevilla.
Cádiz (sie-)ist so schön(w) wie Sevilla
Cádiz ist so schön wie Sevilla.

Umstandswörter

Mit Umstandswörtern (Adverbien) kann man Tätigkeitswörter (Verben), Eigenschaftswörter sowie andere Umstandswörter näher bestimmen. Man unterscheidet selbständige Umstandswörter, z. B. die der Zeit („heute", „immer"usw.), Umstandswörter des Grades („sehr", „mehr") und Umstandswörter, die von Eigenschaftswörtern abgeleitet werden.

Um aus Eigenschaftswörtern Umstandswörter zu bilden, hängt man an die weibliche Form des Eigenschaftsworts die Endung -mente. Bei Eigenschaftswörtern, die auf -n oder -l enden, wird -mente an die Einzahlform angehängt.

Sehr verbreitet, wenn auch nur in Einzelfällen korrekt, ist es, anstelle der Umstandswörter die Eigenschaftswörter zu benutzen.

m	w	Umstandswort	
lento	lenta	lentamente	langsam
difícil	difícil	difícilmente	schwierig
feliz	feliz	felizmente	glücklich

Einige Eigenschaftswörter bilden unregelmäßige Umstandswörter (mit *U* gekennzeichnet):

bueno	gut	bien *(U)*	gut
malo	schlecht	mal *(U)*	schlecht

La manzanilla hay que beberla lentamente.
die Apfelwein es-gibt dass trinken-sie langsam(U)
Der Manzanilla muss langsam getrunken werden.

Persönliche Fürwörter

Im Gegensatz zum Deutschen unterscheidet man eine männliche und eine weibliche Form für „wir", „ihr" und „sie", wobei für gemischte Gruppen jeweils die männliche Form benutzt wird. Als höfliche Anrede wird usted bei einer angesprochenen Person verwendet und ustedes bei mehreren Personen.

Generell werden die persönlichen Fürwörter (Personalpronomen) in der gesprochenen Sprache nur zur Betonung der Person hinzugesetzt, da die handelnde Person meistens aus der Endung des Verbs hervorgeht.

yo	ich	**nosotros/-as** (m/w)	wir
tú	du	**vosotros/-as** (m/w)	ihr
él	er	**ellos**	sie (m Mz)
ella	sie (Ez)	**ellas**	sie (w Mz)
usted	Sie (Ez)	**ustedes** (Mz)	Sie (Mz)

Él no sabe lo que dice, yo sí.
er nicht (er-)weiß das was (er-)sagt, ich ja
Er weiß nicht, was er sagt, ich schon.

wem? oder wen?

Achtung: Die Entscheidung, welches Fürwort man nehmen muss (Frage: „wem?" oder „wen?") folgt nicht immer der deutschen Logik!

Frage: „wem?" unbetont			Frage: „wen?" betont	
me	a mí	mir	**me**	mich
te	a tí	dir	**te**	dich
le	a él	ihm	**lo**	ihn
le	a ella	ihr	**la**	sie (Ez)
le	a usted	Ihnen	**lo / la**	Sie (m/w Ez)
nos	a nosotros/-as	uns	**nos**	uns
os	a vosotros/-as	euch	**los**	euch (m/w)
les	a ellos/-as	ihnen (m/w)	**los / las**	sie (m/w Mz)
les	a ustedes	Ihnen (höfl. Mz)	**los / las**	Sie (m/w Mz)

Juana me quiere.
Juana mich (sie-)liebt
Juana liebt mich.

Te quiero.
dich (ich-)liebe
Ich liebe dich.

Pepe le diña cien euros.
Pepe ihm (er-)gibt hundert Euros
Pepe gibt ihm einhundert Euro.

Juana me camela a mí.
Juana mich (sie-)liebt zu mich
Juana liebt mich (... und nicht jemand anderen).

Die unbetonten persönlichen Fürwörter stehen immer vor dem zugehörigen Verb, die betonte Form wird zur Betonung zusätzlich zur unbetonten verwendet. Sie steht immer nach dem Verb.

Besitzanzeigende Fürwörter

Die unbetonten besitzanzeigenden Fürwörter (Possessivpronomen) stehen immer vor dem Hauptwort, auf das sie sich beziehen. Männliche und weibliche Formen treten nur in der 1. und der 2. Person Mehrzahl („unser" und „eurer") auf. Dann richtet sich das besitzanzeigende Fürwort in Geschlecht nach dem Hauptwort, das den Besitz bezeichnet. Steht der Besitz in der Mehrzahl, wird wie bei den Hauptwörtern ein -s an das besitzanzeigende Fürwort gehängt.

mi	mein	**nuestro/-a**	unser
tu	dein	**vuestro/-a**	euer
su	sein	**sus**	ihr (Mz)
su	ihr (Ez)		
su	Ihr (Ez)	**sus**	Ihr (Mz)

mi caja
mein Bankkonto

mis cajas
meine Bankkonten

su amigo
sein / ihr / Ihr Freund

sus amigos
seine / ihre / Ihre Freunde

Neben diesen besitzanzeigenden Fürwörtern, die nur zusammen mit einem dazugehörigen Hauptwort stehen, gibt es die so genannten „betonten" besitzanzeigenden Fürwörter. Sie stehen z. B. als Satzergänzung (Objekt) in Sätzen mit dem Verb „sein" und richten sich nach dem Satzgegenstand (Subjekt) in Zahl und Geschlecht. Die Endungen sind mit denen der Eigenschaftswörter identisch.

mío/-a	mein	**nuestro/-a**	unser
tuyo/-a	dein	**vuestro/-a**	eurer
suyo/-a	sein; ihr	**suyo/-a**	ihr
suyo/-a	Ihr (Ez)	**suyo/-a**	Ihr (Mz)

¿De quién son estas cositas? **Son nuestras.**
von wer (sie-)sind diese(Mz) Sachen *(sie-)sind unsere*
Wem gehören diese Sachen? Das sind unsere.

Esta copa es mía.
diese Glas (sie-)ist meine(w)
Das ist mein Glas.

Verben in der Gegenwart

Spanische Verben bestehen aus einem Stamm und einer Endung. In der Grundform haben alle eine der drei folgenden Endungen:

-ar	**viajar**	reisen
-er	**comer**	essen
-ir	**partir**	abfahren

Bei der Beugung wird die Endung der Grundform durch die Endung der handelnden Person („ich, du, er …") ersetzt. Je nach Selbstlaut der Endung werden die Verben unterschiedlich gebeugt. Die Unterschiede sind jedoch nur gering. Die Bindestriche in der folgenden Tabelle sollen die Endungen hervorheben.

	viajar (reisen)	**comer** (essen)	**partir** (abfahren)
ich	viaj-o	com-o	part-o
du	viaj-as	com-es	part-es
er/sie/es	viaj-a	com-e	part-e
wir	viaj-amos	come-mos	parti-mos
ihr	viaj-áis	comé-is	part-ís
sie (Mz)	viaj-an	com-en	part-en

Ella trabaja, pero él no.
sie (sie-)arbeitet, aber er nicht
Sie arbeitet, aber er nicht.

Für die Höflichkeitsformen Einzahl (usted) verwendet man dieselbe Verbform wie für die 3. Person Einzahl („er/sie/es"), für die Mehrzahl (ustedes) dementsprechend die 3. Person Mehrzahl („sie").

Die persönlichen Fürwörter braucht man in der Regel nicht; es sei denn, man will die handelnde Person betonen. In der Wort-für-Wort-Übersetzung ist das persönliche Fürwort in Klammern ergänzt, da man aus dem gebeugten deutschen Verb nicht immer eindeutig auf die handelnde Person schließen kann.

unregelmäßige Verben

Besonders häufig gebrauchte Verben haben sich mit der Zeit „abgeschliffen" und sind daher nicht regelmäßig. Da man sie aber andauernd benötigt, sollten sie gelernt werden.

	ir (gehen)	**venir** (kommen)	**dar** (geben)
ich	voy	vengo	doy
du	vas	vienes	das
er/sie/es	va	viene	da
wir	vamos	venimos	damos
ihr	vais	venís	dais
sie (Mz)	van	vienen	dan

Sein & Haben

Im Spanischen gibt es zwei Verben für das deutsche Verb „sein": estar *(sich befinden)* und ser *(sein)*.

sein	estar	ser
ich	estoy	soy
du	estás	eres
er/sie/es, Sie (Ez)	está	es
wir	estamos	somos
ihr	estáis	sois
sie, Sie (Mz)	están	son

Estar wird verwendet für bestimmte Ortsangaben.
La plaza de toro de Cádi[z] está en la Plaza Asdrubal.
die Platz von Stier von Cádiz ist in die Platz Asdrubal
Die Stierkampfarena von Cádiz befindet sich am Asdrubal-Platz.

... für körperliches Befinden, Krankheit, Stimmung,
Estoy muy esmulabáo, pero quiero ver la procesión.
(ich-)bin sehr hundemüde(m) aber(ich-)will sehen die Prozession
Ich bin sehr müde, aber ich möchte die Prozession sehen. *(sagt Mann)*

... vorübergehende Zustände.
Estamo[s] listos para salir: vamo[s] al cine?
(wir-)sind fertige(Mz) für gehen: (wir-)gehen zu-der Kino
Wir sind fertig zum Ausgehen: Gehen wir ins Kino?

Das Verb ser wird verwendet für Beruf, Religion, Nationalität,
Ella es alemana y él es de Andalucía.
sie (sie-)ist Deutsche und er (er-)ist von Andalusien
Sie ist Deutsche, und er ist aus Andalusien.

... Identifikation und Herkunft,
Somos de Níjar y ella es de Hamburgo.
(wir-)sind von Níjar und sie ist von Hamburg
Wir sind aus Níjar, und sie ist aus Hamburg.

Este es mi coche.
dieses (es-)ist mein Wagen
Das ist mein Wagen.

Las montañas de la sierra son muy lindas.
die(Mz) Berge von die Sierra (sie-)sind sehr schöne(wMz)
Die Berge der Sierra sind sehr schön.

... wesensmäßige und charakterstische Eigenschaften (auch Farben usw.).

La plaza es muy bonita, está llena de flores.
die Platz ist sehr schöne(w), ist voll(w) von Blumen
Der Platz ist sehr schön, er ist voll von Blumen.

Ella es linda.	**Ella está linda.**
Sie ist hübsch.	Sie ist hübsch.
(immer!)	*(nur momentan!)*

Die Unterscheidung von ser und estar spielt eine große Rolle!

Das Verb tener bedeutet „haben" im Sinne von „besitzen" und ist niemals ein Hilfsverb wie im Deutschen, wo es zur Bildung zusammengesetzter Zeiten herangezogen wird (z. B. „ich habe gemacht").

haben

haben	**tener**	**haber**
ich	**tengo**	**he**
du	**tienes**	**ha[s]**
er/sie/es, Sie (Ez)	**tiene**	**ha**
wir	**tenemo[s]**	**hemo[s]**
ihr	**tenéis**	**habéis**
sie, Sie (Mz)	**tienen**	**han**

Nur das Hilfsverb haber (haben) wird zur Bildung des Partizips verwendet.

Tiene un apartamento cerca de la playa.
(er/sie-)besitzt ein Apartment nahe von die Strand
Er/sie hat ein Apartment in der Nähe des Strandes.

Tenemos entradas para la feria.
(wir-)besitzen Eintritte für die Fest
Wir haben Eintrittskarten für das Fest.

Das Partizip

Das Partizip wird im Spanischen für Handlungen gebraucht, die bereits begonnen haben, aber noch einen engen Bezug zur Gegenwart haben oder in die Gegenwart hineinreichen. Die Bildung des spanischen Partizips ist sehr einfach. Die Grundformendung wird durch die Partizipendung ersetzt, -ar wird durch -ado, und -ir sowie -er wird durch -ido ersetzt. So wird comprar *(kaufen)* zu comprado *(gekauft)*, comer *(essen)* zu comido *(gegessen)*, vivir *(leben)* zu vivido *(gelebt)*. Statt he comido und ya has llegado sagt man in Andalusien jedoch:

Im Andalusischen entfällt bei der Partizipbildung das -d-. Im Gegensatz zum nichtgesprochenen -s entfällt -d- auch in der Schriftform!

he comi[d]**o**   **ya ha**[s] **llega**[d]**o**   (ja a jegao)
(ich-)habe gegessen   *schon hast angekommen*
ich habe gegessen   du bist schon angekommen

Hemo[s] **pasa**[d]**o las vacaciones en Andalucía.**
(wir-)haben verbracht die(wMz) Ferien in Andalusien
Wir haben die Ferien in Andalusien verbracht.

Fragen

Jeder geschriebene Fragesatz beginnt im Spanischen mit einem Fragezeichen, das auf dem Kopf steht. Daran kann man schon zu Beginn des Satzes erkennen, dass es sich um eine Frage handelt. Der Grund: Die Satzstellung der Frage ist dieselbe wie im normalen Aussagesatz. Nur die Tonlage einer Frage unterscheidet sich von der Aussage, denn die Stimme steigt zum Satzende hin an.

Entscheidungsfragen   Entscheidungsfragen sind Fragen, auf die man typischerweise mit sí *(ja)* oder no *(nein)* antwortet. Die Satzstellung ist wie im Aussagesatz.

¿Tú tienes un apartamento en Andalucía?
du (du-)besitzt ein Apartment in Andalusien
Hast du ein Apartment in Andalusien?

Ergänzungsfragen werden mit Fragewörtern gebildet. Man antwortet mit einem vollständigen Satz.
Alle Fragewörter tragen einen Akzent.

Ergänzungsfragen

¿quién?	wer?	**¿cuántos?** (m)	wie viele?
¿qué?	was?	**¿cuántas?** (w)	wie viele?
¿cuál?	welches?	**¿por qué?**	warum?
¿cómo?	wie?	**¿dónde?**	wo?
¿cuándo?	wann?	**¿adónde?**	wohin?
¿cuánto?	wie viel?	**¿de dónde?**	woher?
¿cuánto tiempo?	wie lange?		

¿Qué es esto?
was (es-)ist dies
Was ist das hier?

¿Qué es eso / aquello?
was (es-)ist das / jenes
Was ist das / das da?

¿Quién es este señor?
Wer ist dieser Herr?

¿Quién es esta señora?
Wer ist diese Dame?

¿Cómo te llamas?
wie dich (du-)nennst
Wie heißt du?

Me llamo Pepe.
mich (ich-)nenne Pepe
Ich heiße Pepe.

*Sehr häufig wird im
Andalusischen die
korrekte spanische
Satzstellung bzw. Satz-
struktur aufgehoben.
Auch bei Fragen neigen
die Andalusier dazu,
einzelne Buchstaben bzw.
Satzteile wegzulassen.*

¿Qué hace[s]?
was (du-)machst
Was machst du?

Na[da], aquí estudiando.
nichts hier studierend
Nichts, ich studiere hier.

Verneinung

Verben verneint man, indem man dem Verb no *(nicht)* voranstellt:

El chiquillo no está en el bodegón.
der Junge nicht (er-sich-)befindet in der Weinstube
Der Junge ist nicht in der Weinstube.

Das Verb wird auch dann verneint, wenn man im Deutschen das Haupt- oder Eigenschaftswort verneint, z. B.:

No es tímido / tímida.	**No tenemo[s] tiempo.**
nicht ist schüchtern(m/w)	*nicht (wir-)besitzen Zeit*
Er / Sie ist nicht schüchtern.	Wir haben keine Zeit.

Als Antwort auf eine Frage bedeutet no auch „nein".

¿Me acompaña[s]?	**No, no puedo.**
mich (du-)begleitest	*nein nicht (ich-)kann*
Begleitest du mich?	Nein, ich kann nicht.

©bn

Panorama-Aussichtspunkt in Granada, einmal anders herum

Wollen, Können & Müssen

Wie im Deutschen werden die Modalverben mit der Grundform eines anderen Verbs kombiniert.

	querer	**saber**	**tener que**	**poder**
	(wollen, lieben)	*(wissen, können)*	*(müssen)*	*(können, dürfen)*
ich	**quiero**	**sé**	**tengo que**	**puedo**
du	**quieres**	**sabes**	**tienes que**	**puedes**
er/sie	**quiere**	**sabe**	**tiene que**	**puede**
wir	**queremos**	**sabemos**	**tenemos que**	**podemos**
ihr	**queréis**	**sabéis**	**tenéis que**	**podéis**
sie	**quieren**	**saben**	**tienen que**	**pueden**

¿Quieres ir conmigo?
(du-)willst gehen mit-mir
Willst du mit mir gehen?

Bitte beachten Sie:
querer als Vollverb
kann auch die Bedeutung
„lieben" haben!

Quiero ver la lidia.   **Te quiero.**
(ich-)will sehen die Stierkampf   *dich (ich-)will*
Ich will den Stierkampf sehen.   Ich liebe dich.

Quisiera un café con leche.
(ich-)möchte ein Kaffee mit Milch
Ich hätte gerne einen Milchkaffee.

Bei einem höflich
geäußerten Wunsch
benutzt man statt
quiero die Möglichkeits-
form quisiera.

Quisiera una habitación con baño.
(ich-)möchte eine Zimmer mit Bad.
Ich hätte gerne ein Zimmer mit Bad.

Saber heißt „wissen", wird aber auch bei erlernten Fähigkeiten in der Bedeutung „können" verwendet.

No sé tocar el piano.
nicht (ich-)weiß berühren der Klavier
Ich kann nicht Klavier spielen.

Ella sabe jugar al ajedrez.
sie (sie-)weiß spielen zu-der Schach
Sie kann Schach spielen.

Tener que ist von tener (haben, besitzen) abgeleitet und zeigt eine Notwendigkeit (Zwang) an.

Tengo que ir de compra[s].
(ich-)besitze dass gehen von Einkäufe
Ich muss einkaufen gehen.

Poder heißt „können" im Sinne einer Erlaubnis oder Möglichkeit. Als höfliche Variante bei Fragen wird die Möglichkeitsform podría verwendet.

¿Me puede[s] ayudar?
mir (du-)kannst helfen
Kannst du mir helfen?

Sí, te puedo ayudar.
ja dir (ich-)kann helfen
Ja, ich kann dir helfen.

¿Podría ..., por favor?
(ich-)könnte ... wegen Gefallen
Könnte ich ..., bitte?

hay & hay que
Hay ist ein unpersönlicher Ausdruck mit der Bedeutung „es gibt". Man verwendet hay bei allgemeinen Ortsangaben und zählbaren Dingen. Steht die Ortsangabe jedoch mit dem bestimmten Artikel, verwendet man estar *(sein, sich befinden)*, vgl.:

En la calle hay una farmacia.
in die Straße es-gibt eine Apotheke
In der Straße gibt es eine Apotheke.

Paradores sind staatlich geführte Hotels der gehobenen Kategorie.

En la avenida de Arruzafa está el parador.
in die Allee von Arruzafa (er-sich-)befindet der Parador
In der Avenida de Arruzafa ist der Parador.

Kombiniert man hay mit nachgestelltem que, erhält der Ausdruck die unpersönliche Bedeutung „es ist notwendig" oder „man muss":

Hay que cruzar la calle.
es-gibt dass kreuzen die Straße
Man muss die Straße überqueren.

Zukunft & Vergangenheit

Die gebräuchlichste Form, Zukünftiges auszudrücken, ist folgende Konstruktion: Man beugt das Verb ir *(gehen)* in der Gegenwart und stellt ihm a und die Grundform des Verbs, das man in die Zukunft setzen möchte, nach. Diese Zukunftsform bezieht sich immer auf eine zeitlich nahe Situation.

				Zukunft
voy a *(ich-)gehe zu*	ich werde	**vamos a** *(wir-)gehen zu*	wir werden	
vas a	du wirst	**vais a**	ihr werdet	
va a	er / sie wird	**van a**	sie werden	

Vamo[s] a salir.
(wir-)gehen zu rausgehen
Wir werden gleich weggehen.

Vamo[s] a viajar a Sevilla esta tarde.
(wir-)gehen zu reisen nach Sevilla diese Nachmittag
Wir werden diesen Nachmittag nach Sevilla fahren.

Im Spanischen gibt es verschiedene Vergangenheitsformen, von denen hier nur der indefinido erklärt werden soll. Der indefinido – vergleichbar mit unserem Imperfekt (z. B. „(ich) ging") – bezeichnet ein abgeschlossenes Ereignis in der Vergangenheit.

Vergangenheit

Die Grundformendungen werden jeweils durch die Personenendungen des indefinido *ersetzt. Bei allen regelmäßigen Verben der 1. und 3. Person Einzahl („ich", „er/sie/es") sind die Endungen betont.*

	viajar *(reisen)*	**comer** *(essen)*	**partir** *(abfahren)*
ich	**viaj-é**	**com-í**	**part-í**
du	**viaj-aste**	**com-iste**	**part-iste**
er/sie/es	**viaj-ó**	**com-ió**	**part-ió**
wir	**viaj-amos**	**com-imos**	**part-imos**
ihr	**viaj-astais**	**com-isteis**	**part-isteis**
sie (Mz)	**viaj-aron**	**com-ieron**	**part-ieron**

Verlaufsform

Hier eine Liste der wichtigsten unregelmäßigen Verben. In der zweiten Spalte stehen die Einzahlformen der Vergangenheit:

Auch in der Vergangenheit sind einige Verben unregelmäßig. Genauer gesagt: Der Stamm verändert sich, aber die Endungen sind regelmäßig. Einziger Unterschied zu den regelmäßigen Verben: Unregelmäßige Verben, die in der 1. Person Einzahl („ich") auf -e enden, werden nie auf der Endung betont.

Grundform	1., 2., 3. Pers. Ez Verg.
andar *(gehen, fahren)*	anduve, anduviste, anduvo
dar *(geben)*	di, diste, dio
decir *(sagen)*	dije, dijiste, dijo
estar *(sein)*	estuve, estuviste, estuvo
hacer *(machen)*	hice, hiciste, hizo
ir *(gehen)*	fui, fuiste, fue
poder *(können)*	pude, pudiste, pudo
poner *(setzen, stellen, legen)*	puse, pusiste, puso
querer *(wollen, lieben)*	quise, quisiste, quiso
tener *(haben)*	tuve, tuviste, tuvo
traer *(bringen)*	traje, trajiste, trajo
venir *(kommen)*	vine, viniste, vino
ver *(sehen)*	vi, viste, vio

Verlaufsform

Oft werden in einem Satz zwei parallel verlaufende Handlungen beschrieben, z. B. „Er spricht, während er isst." Dazu benötigt man das Gerundium (im Deutschen z. B. „gehend, singend"). Im Spanischen geht man dabei von der Grundform aus:

Die Endung lautet -ando, wenn das Verb auf -ar endet, und -iendo, wenn man Verb auf -er oder -ir endet.

-ar → -ando:	trabajar →	**trabajando** *(arbeitend)*
-er → -iendo:	vender →	**vendiendo** *(verkaufend)*
-ir → -iendo:	abrir →	**abriendo** *(öffnend)*

Die Haupthandlung wird durch die Satzaussage (Prädikat) ausgedrückt, während das Gerundium für die zusätzliche oder untergeordnete Handlung verwendet wird.

El chico viene comiendo.
der Junge (er-)kommt essend
Der Junge kommt essend.

La chica llega llorando.
die Mädchen (sie-)ankommt weinend
Das Mädchen kommt weinend an.

La niña sale jugando a la calle.
die Mädchen (sie-)rausgeht spielend auf die Straße
Das Mädchen geht auf die Straße spielen.

Um eine Handlung zu beschreiben, die gerade statt-findet (z. B. „gerade dabei sein, etwas zu tun"), ver-wendet man das Verb estar *(sein)* und bildet das Ge-rundium von dem jeweiligen Verb, um das es bei der Handlung geht.

Besonders in der Umgangssprache hört man die Verlaufsform sehr oft.

Yo estoy trabajando.
ich (ich-)bin arbeitend
Ich arbeite gerade.

Ellos están saliendo.
sie(Mz) (sie-)sind weggehend
Sie gehen gerade weg.

Auffordern & Befehlen

Die Bildung der Befehlsform (Imperativ) ist ein-fach, wenn man den Ansprechpartner duzt. Um ei-ne einzelne Person aufzufordern, lässt man einfach das -s der 2. Person Einzahl („du") weg:

hablas	du spricht	**¡habla!**	sprich!
comes	du isst	**¡come!**	iss!
vives	du lebst	**¡vive!**	lebe!

Ein Aufforderungssatz beginnt immer mit einem umgedrehten Ausrufezeichen.

Bei der verneinten Aufforderung (Verbot) an eine einzelne Person ändert sich die Betonung und der Selbstlaut der Endung. Bei der Bildung geht man von der Grundform (Infinitiv) aus und stellt no *(nein, nicht)* voran: Die Grundform-Endung -ar wird zu -es, während -er und -ir zu -as werden:

hablar	sprechen	**¡no hables!**	sprich nicht!

Wird eine Person gesiezt, so stellt die Du-Form in der Einzahl die Grundform dar; dabei wird die Endung -a durch ein -e ersetzt und umgekehrt:

¡habla!	sprich!	**¡hable!**	sprechen Sie!
¡come!	iss!	**¡coma!**	essen Sie!

Die wichtigsten Verben haben oft unregelmäßige Befehlsformen.

ir(se)	gehen	**¡ve(te)!**	geh!	**¡vaya(se)!**	gehen Sie!
dar	geben	**¡da!**	gib!	**¡dé!**	geben Sie!
venir	kommen	**¡ven!**	komm!	**¡venga!**	kommen Sie!

Rückbezügliche Verben

Die rückbezüglichen (reflexiven) Verben erkennt man in der Grundform an der Endung -se *(sich)*, z. B. lavarse *(sich waschen)*. Bei der Beugung trennt sich -se von der Grundform und wird zu einem selbständigen rückbezüglichen Fürwort, das immer direkt vor dem Verb steht.

lavarse	*waschen-sich*	sich waschen
me lavo	*mich (ich-)wasche*	ich wasche mich
te lavas	*dich (du-)wäscht*	du wäschst dich
se lava	*sich (er/sie-)wäscht*	er/sie wäscht sich
nos lavamos	*uns (wir-)waschen*	wir waschen uns
os laváis	*ihr (euch-)wascht*	ihr wascht euch
se lavan	*sich (sie-)waschen*	sie waschen sich

Viele Verben, die im Spanischen rückbezüglich sind, sind im Deutschen nicht zwangsläufig auch rückbezüglich und umgekehrt!

bañarse	baden
callarse	schweigen
despertarse	aufwachen
detenerse	stehen bleiben
hacerse	werden
irse	weggehen
levantarse	aufstehen
llamarse	heißen
mudarse	umziehen *(Wohnung)*
quedarse	bleiben
quitarse	ausziehen
sentirse	fühlen

Se bedeutet auch „man" und wird in unpersönlichen oder passiven Ausdrücken verwendet:

Se habla andaluz.
sich (es-)spricht andalusisch
Man spricht Andalusisch.

¡Cállase!
(er/sie-)schweige!-sich
Halten Sie die Klappe!

No se puede fumar allí.
nicht sich (es-)kann rauchen hier
Man darf hier nicht rauchen.

Se escucha un ruido y me levanto de la cama.
sich (es-)hört ein Geräusch und mich (ich-)aufstehe von die Bett
Ein Geräusch ist zu hören, und ich stehe aus dem Bett auf.

Se prohibe el cante en este local.
sich (es-)verbietet der Gesang in diese Lokal
Es ist verboten, in diesem Lokal zu singen.

Bindewörter

Die Bindewörter (Konjunktionen) werden wie im Deutschen verwendet, um Sätze oder einzelne Satzteile miteinander zu verbinden. Die Wortstellung ist die gleiche wie im Hauptsatz.

y	und	**aunque**	obwohl
o	oder	**sino**	sondern
pero	aber	**porque**	weil
si	ob, wenn, falls	**que**	welche(r, -s)
cuando	als, wann	**que**	dass
para	um zu	**sin embargo**	jedoch
			ohne Beschlagnahme

¿Qué te parece si vamo[s] al bache?
was dir (es-)scheint wenn (wir-)gehen zu-der Kneipe
Was hältst du davon, wenn wir in die Kneipe gehen?

No te vaya[s] ante[s], cuando ha[s] visto mi[s] padre[s].
nicht dich gehest! vorher wann hast gesehen meine Väter
Geh nicht, bevor du meine Eltern gesehen hast.

Tengo una carta pa[ra] mandar a mi amigo Juan.
(ich-)besitze eine Karte für schicken zu mein Freund Juan
Ich muss meinem Freund Juan eine Karte schicken.

©bn

Der Stier machte einstmals Werbung für Brandy

Verhältniswörter

Mit den Verhältniswörtern (Präpositionen) kann man zeitliche und räumliche sowie allgemeine Beziehungen ausdrücken. Sie stehen immer vor dem Haupt- oder Fürwort, auf das sie sich beziehen.

con	mit	**de**	von, aus *(örtl.)*
junto con	zusammen mit	**en**	in *(örtl.)*
sin	ohne	**debajo de**	unter
para	für	**encima de**	auf
contra	gegen	**sobre, arriba de**	über *(örtl.)*
según	gemäß	**entre**	zwischen
por	wegen, durch	**al lado de**	neben
desde	seit *(zeitl.)*	**delante (de)**	vor *(örtl.)*
hasta	bis *(zeitl.)*	**detrás de**	hinter *(örtl.)*
antes de	vor *(zeitl.)*	**fuera (de)**	außerhalb *(von)*
después de	nach *(zeitl.)*	**dentro (de)**	innerhalb (von)
durante	während	**enfrente (de)**	gegenüber (von)
hacia, a	zu, nach *(örtl.)*	**lejos (de)**	weit entfernt (von)

Mit para *(für)* wird ein Zweck, eine Bestimmung oder eine persönliche Ansicht ausgedrückt. Para kann zusammen mit der Grundform eines Verbs im Sinne einer Begründung oder Absicht verwendet werden und erspart so kompliziertere Konstruktionen. Im andalusischen Spanisch wird para wie pa ausgesprochen.

Wichtige Unterschiede zum Deutschen sind in der Verwendung der Präpositionen por und para sowie im Gebrauch von con zu beachten.

Pa[ra] él es algo muy importante.
für er (es-)ist etwas sehr wichtig
Für ihn bedeutet es sehr viel.

Yo vine para ver una lidia.
ich (ich-)kam für sehen eine Stierkampf
Ich bin gekommen, um einen Stierkampf zu sehen.

Por dient zur Angabe eines Grundes oder einer Ursache, wird aber auch für Orts- und Zeitangaben verwendet.

Estamos paseando por el casco antiguo.
(wir-)sind gehend durch der Stadtkern alt
Wir gehen durch die Altstadt spazieren.

Ella se queda en casa por estar enferma.
sie sich (sie-)bleibt in Haus wegen befinden kranke(w)
Sie bleibt zu Hause, weil sie krank ist.

Stehen die Verhältniswörter a *und* de *vor dem bestimmten männlichen Artikel in der Einzahl, verschmelzen sie mit diesem. Die weiblichen Artikel verschmelzen mit einem bestimmten Artikel dagegen niemals zu einem Wort!*

a + el = al	zu dem, zum, nach dem
de + el = del	von dem, vom

Me voy al supermercado a comprar pescado.
mich (ich-)gehe zu-der Supermarket zu kaufen Fisch
Ich gehe zum Supermarkt, um Fisch zu kaufen.

Vamos a reunirnos ante de la casa.
(wir-)gehen zu versammeln-uns vor von die Haus
Wir werden uns vor dem Haus treffen.

Richtungsangaben mit „a"

A *(zu, nach)* bezeichnet das Ziel, die Richtung oder wird für eine Zeitbestimmung verwendet. Je nach Zusammenhang kann es im Deutschen oft mit einem anderen Verhältniswort übersetzt werden. Wichtig: a wird auch verwendet, wenn Personen direktes Objekt (Satzergänzung) sind. Vergleiche:

In der Umgangssprache wird diese Regel aber nicht immer beachtet!

Veo un gato.   aber: **Veo a un amigo.**
(ich-)sehe ein Kater   *(ich-)sehe zu ein Freund*
Ich sehe eine Katze *(allg.)*.   Ich sehe einen Freund.

Quie[re] la música.   **Quie[re] a su novia.**
(er-)liebt die Musik   *(er-)liebt zu seine Freundin*
Ich liebe die Musik.   Ich liebe meine Freundin.

Die Grundbedeutung von en ist „in". Im Unterschied zu a *(zu, nach)*, das eine Bewegung ausdrückt, wird mit en eine Ortsangabe oder ein bestimmter Zeitpunkt bezeichnet. Daher kann es je nach Kontext auch „in, an, auf, bei" bedeuten.

Orts- & Zeitangaben mit „en"

Estoy en casa.   Vamos a venir en una semana.
(mich-)befinde in Haus (wir-)gehen zu kommen in eine Woche
Ich bin zu Hause. Wir kommen in einer Woche.

En zusammen mit dem Verb estar (sein) – niemals jedoch ser (sein)! – bezeichnet eine Ortsangabe.

La llave está en la mesa.
die Schlüssel (sie-sich-)befindet in die Tisch
Der Schlüssel liegt auf dem Tisch.

Llegamos en dos horas.
(wir-)ankommen in zwei Stunden
Wir kommen in zwei Stunden an.

Zahlen & Zählen

Die Zahlen sind im Spanischen logisch aufgebaut. Unterschiede zwischen Andalusisch und Standardspanisch bestehen einzig in dem Wegfall des „s" in der gesprochenen Sprache.

0	cero	10	diez	20	veinte	**Grundzahlen**
1	uno	11	once	30	treinta	
2	do[s]	12	doce	40	cuarenta	
3	tre[s]	13	trece	50	cincuenta	
4	cuatro	14	catorce	60	sesenta	
5	cinco	15	quince	70	setenta	
6	sei[s]	16	dieciséis	80	ochenta	
7	siete	17	diecisiete	90	noventa	
8	ocho	18	dieciocho	100	cien	
9	nueve	19	diecinueve			

Die zusammengesetzten Zahlen ab 31 werden regelmäßig aus dem Zehner, y (und) und Einer gebildet und nur zwischen 16 und 29 werden sie mit dazwischengeschobenem -i- gebildet und zusammen geschrieben.

32	**treinta y dos**	*dreißig und zwei*
57	**cincuenta y siete**	*fünfzig und sieben*
89	**ochenta y nueve**	*achtzig und neun*

Die Hunderter und Tausender sind wie im Deutschen mit vorangestelltem Einer zusammengesetzt. Achtung bei den leicht unregelmäßig gebildeten Hundertern 500, 700 und 900. Zu beachten ist auch, dass 100 in allen zusammengesetzten Zahlen ciento heißt und ab 200 zu cientos bzw. cientas wird, je nach Geschlecht des gezählten Hauptwortes.

100	**cien**	600	**seiscientos**
200	**doscientos**	700	**setecientos**
300	**trescientos**	800	**ochocientos**
400	**cuatrocientos**	900	**novecientos**
500	**quinientos**	1000	**mil**

367	**trescientos sesenta y siete**
	drei-hunderte(m) siebzig und sieben
750	**setecientos cincuenta**
	sieben-hunderte(m) fünfzig
2004	**dos mil cuatro**
	zwei tausend vier

Ordnungszahlen

Die Ordnungszahlen haben eine männliche und eine weibliche Form. Sie richten sich dabei nach dem dazugehörigen Hauptwort. Für die weibliche Form ersetzt man das -o der männlichen Ordnungszahl durch -a.

primero	erster	**sexto**	sechster
segundo	zweiter	**séptimo**	siebter
tercero	dritter	**octavo**	achter
cuarto	vierter	**noveno**	neunter
quinto	fünfter	**décimo**	zehnter
		último	letzter

Stehen die Ordnungszahlen primero und tercero vor einem männlichen Hauptwort, entfällt das -o:

primer piso	1. Stock	**primera calle**	1. Straße
tercer piso	3. Stock	**tercera calle**	3. Straße

Zeit & Datum

Pünktlichkeit wird in Andalusien nicht gerade besonders groß geschrieben.

hace una semana / un mes
(es-)macht eine Woche / ein Monat
vor einer Woche / einem Monat

en marzo
in März
im März

esta mañana / tarde / noche
diese Morgen / Abend / Nacht
heute Morgen / Nachmittag / Nacht

el domingo
der Sonntag
am Sonntag

la semana que viene
die Woche welche kommt
nächste Woche

Ya es tarde.
schon (es-)ist spät
Es ist schon spät.

la semana pasada / el mes pasao / el año pasao
die Woche vergangene(w) / der Monat vergangen /
der Jahr vergangen
letzte Woche letzten Monat / letztes Jahr

aproximadamente dos semanas / meses / años
ungefähr zwei Wochen / Monate / Jahre

hasta el lunes que viene
bis der Montag welcher (er-)kommt
bis nächsten Montag

hasta mañana
bis morgen
bis morgen

¿Cuánto tiempo hace que estás en Andalucía?
wieviel Zeit (es-)macht welche (du-)bist in Andalusien
Wie lange bist du schon in Andalusien?

Desde hace una semana.
seit (es)macht eine Woche
Seit einer Woche.

Aún no lo sé.
noch nicht es (ich-)weiß
Ich weiß es noch nicht.

allgemeine Zeitangaben

Eine Liste mit den wichtigsten allgemeinen Zeitangaben finden Sie in der rechten inneren Umschlagklappe.

Uhrzeit

*Bei allen Uhrzeiten wird
der weibliche Artikel
la oder las gebraucht.
Er bezieht sich auf
hora (Stunde) bzw.
horas (Stunden).*

¿Qué hora es?
was Stunde (sie-)ist
Wie spät ist es?

¿Tiene[s] la hora?
(du-)hast die Stunde
Weißt du, wie spät es ist?

Es la una.
(es-)ist die eine
Es ist ein Uhr.

Son las tre[s].
(sie-)sind die(wMz) drei
Es ist drei Uhr.

Son las veinte hora[s].
sind die(Mz) zwanzig Stunden
Es ist 20 Uhr.

Son las cuatro y media.
sind die(Mz) vier und halbe
Es ist halb fünf.

*Nicht verwechseln:
cuatro heißt „vier",
cuarto heißt „viertel"!*

Son las cuatro y cuarto / un cuarto pa[ra] cuatro.
(sie-)sind die(Mz) vier und Viertel / ein Viertel für vier
Es ist Viertel nach / vor vier.

¿A qué hora[s]?
zu was Stunden
Um wie viel Uhr?

A las nueve meno[s] cuarto.
zu die(Mz) neun weniger viertel
Um viertel vor neun.

¿A qué hora vienes?
zu was Stunde kommst
Um wie viel Uhr kommst
du?

¿Cuándo llegamo[s]?
wann (wir-)ankommen
Wann kommen wir an?

Gibt man die Uhrzeit im 12-Stunden-System an (also „2 Uhr" statt „14 Uhr"), stellt man der Uhrzeit die Angabe des Tagesabschnitts nach.

... de la mañana	am Vormittag
... del mediodía	am Mittag
... de la tarde	am Nachmittag
... de la noche	in der Nacht, am Abend

Wochentage

Die Wochentage sind männlich. Stellt man dem Wochentag den bestimmten Artikel el voran, erhält man z. B. für el jueves die Bedeutung „am Donnerstag", stellt man dagegen den männlichen Mehrzahlartikel los voran, erhält man für los jueves die Bedeutung „donnerstags".

lunes	Montag	**sábado**	Samstag
martes	Dienstag	**domingo**	Sonntag
miércoles	Mittwoch	**festivo**	Feiertag
jueves	Donnerstag	**día laborable**	Werktag
viernes	Freitag	**fin de semana**	Wochenende

en mil novecientos setenta y dos
in tausend neunhundert siebzig und zwei
(im Jahr) 1972

Monate

enero	Januar	**julio**	Juli
febrero	Februar	**agosto**	August
marzo	März	**septiembre**	September
abril	April	**octubre**	Oktober
mayo	Mai	**noviembre**	November
junio	Juni	**diciembre**	Dezember

Datum

Für die Datumsangabe werden die Grundzahlen verwendet. Nur der „Erste" des Monats wird mit der Ordnungszahl angegeben.

el primero de abril
der erste von April
am ersten April

el siete de agosto
der sieben von August
am siebten August

©nk

Das „weiße Dorf" Vejer de la Frontera

Kurz-Knigge

In Andalusien gelten die „internationalen Regeln" der Höflichkeit. Generell gilt, dass Offenheit ein wichtiger Grundzug der andalusischen Gesellschaft ist, aber Vorsicht vor allzu intimer Nachfrage. Dies betrifft insbesondere die Situation in Familien und Beziehungen. „Bitte" und „Danke" gehören zum allgemeinen Wortschatz.

Wer sich ansonsten „zu Hause" auch zu benehmen weiß, tritt auch in Andalusien nicht in allzu große Fettnäpfchen.

Gesten

Die Andalusier lieben das Gestenspiel, sie lachen viel und gerne und zeigen Ihre Lebensfreude in fast allen Lebenslagen.

Die Schultern nach oben ziehen, bedeutet me da igual „das ist mir egal", die Augenbraue mit dem Fingernagel berühren, bedeutet tienes mucha cara „du bist ganz schön dreist / frech".

Vorsicht mit der cornudo-Geste: eres un cornudo bedeutet so viel wie: „deine Frau betrügt dich", wörtlich übersetzt: „du bist ein Hornochse". Hierbei sind Zeigefinger und kleiner Finger ausgestreckt, Mittel- und Ringfinger gekrümmt. Dieser Ausspruch und noch mehr die Geste sind eine heftige Beleidigung. Besser nicht ausprobieren!

Namen & Anrede

In Andalusien ebenso wie in Spanien nehmen im Gegensatz zu Deutschland die Frauen nicht den Nachnamen ihres Ehemannes an, sondern behalten die Namen ihrer Eltern. Die Kinder, die aus diesen Beziehungen hervorgehen, nehmen den Namen des Vaters und den ersten Nachnamen der Mutter an.

Pedro González Virués se casa con María Benítez Bermúdez. El hijo se apellidará: Fernando González Benítez.

Pedro González Virués sich (er-)verheiratet mit María Benítez Bermúdez. Der Sohn sich (er-)nennen-wird Fernando González Benítez

Pedro González Virués heiratet María Benítez Bermúdez. Ihr Sohn wird Fernando González Benítez heißen.

Torre de Oro in Sevilla

©bn

Begrüßen & Verabschieden

Die Andalusier sind sehr gastfreundlich und zuvorkommend. Sie sind schnell beim „Du" und verwenden gerne die Verkleinerungsform in einer kumpelhaften Form.

Wenn eine Frau vorgestellt wird, küsst man **begrüßen** sich jeweils auf die linke und rechte Wange. Wichtig: Man beginnt immer mit der linken Wange des Gegenübers (also auch mit der eigenen linken Wange), um zu vermeiden, dass man mit dem Gesicht zusammenstößt! Unter Männern gibt man sich die Hand, zwischen männlichen Familienangehörigen deutet man auch zwei Wangenküsse an, ohne dass dies irgendeine homosexuelle Bedeutung hat.

🎵 **Hola, ¿qué tal?** 🎵 **¿Cómo está usted?**
hallo was solches *wie (er/sie-sich-)befindet Sie*
Hallo, wie geht's? Wie geht es Ihnen?

🎵 **¿Qué pasa, cómo estás?**
was (es-)passiert wie (du-dich-)befindest
Alles klar, wie geht's?

🎵 **Buenos días.**	Guten Morgen.
gute(m Mz) Tage	
🎵 **Buenas noches.**	Gute Nacht.
gute(w Mz) Nächte	
🎵 **Buenas tardes.**	Guten Tag / Abend.
gute(w Mz) Nachmittage	

Mit einem Smartphone können Sie sich die mit einem 🎵 gekennzeichneten Sätze dieses Kapitels anhören. Scannen Sie einfach den QR-Code mit Hilfe einer kostenlosen App (z. B. „Barcoo" oder „Scanlife").

Bis um zwölf Uhr mittags verwendet man bu-
enos días, ab zwölf Uhr mittags bis zum Abend
verwendet man buenas tardes, wenn es schon
nach zehn Uhr ist, benutzt man buenas noches,
ohne dass dies einer Verabschiedung gleich-
käme, so wie es in Deutschland üblich ist.
Man kann aber auch ein einfaches buenas verwenden.

Encantado / Encantada. **Mucho gusto.**
verzaubert(m/w) *viel Gefallen*
Sehr erfreut. Sehr gerne.
(sagt Mann / Frau)

Un placer conocerle.
ein Vergnügen kennenlernen-ihn/sie
Ist ein Vergnügen, Sie kennen zu lernen.

verabschieden **¡Tengo que irme / marcharme!** **¡Adiós!**
(ich-)besitze dass gehen-mich Tschüss!
Ich muss gehen.

¡Hasta otra (ocasión)! *bis andere (Gelegenheit)*	Bis dann!
¡Hasta pronto!	Bis bald!
¡Hasta la vista!	Bis bis zum nächsten Mal!
¡Hasta mañana!	Bis morgen!
¡Hasta luego!	Bis später!
¡Hasta lueguito!	Bis bald!
¡Mi arma [alma]**!**	Meine Seele!

🔊 **¡Nos vemos pronto / mañana!**
wir (uns-)sehen bald / morgen
Wir sehen uns bald / morgen.

🔊 **¡Muchos recuerdos!**
viele(Mz) Erinnerungen
Viele Grüße.

🔊 **¡Saludos a la familia de mi parte!**
Grüße an die Familie von mein Teil
Viele Grüße an die Familie von mir!

Bitten, Danken, Wünschen

Die Menschen in Andalusien sind sehr hilfsbereit. Selten schlagen sie eine Bitte oder einen Wunsch aus. Der Umgang untereinander, aber auch mit Ausländern, ist herzlich und freundlich. Es ist auch schon mal vorgekommen, dass ein Verkäufer eines estanco bei Fragen nach dem Weg seinen Laden abschloss und den Fragenden bis zu dem gewünschten Ziel begleitete.

Bitten

🔊 **Por favor, me dice ...**
wegen Gefallen mir (er-)sagt ...
Bitte, sagen Sie mir ...

Bitten, Danken, Wünschen

⌐ Con su permiso.
mit seiner/ihrer Erlaubnis
Gestatten Sie?

⌐ ¡Sírvete!
(er/sie-)bediene!-sich
Bedienen Sie sich!

⌐ ¡Oiga, señor!
(er-)höre! Herr
Hören Sie, mein Herr!

⌐ ¿Cómo dice?
wie (er/sie-)sagt
Wie sagten Sie?

Danken

⌐ ¡Muchas gracias (por ...)!
viele(wMz) Danke (wegen)
Vielen Dank (für ...)!

⌐ ¡Muy agradecido!
sehr dankend
Herzlichen Dank!

⌐ ¡De nada!
von nichts
Nichts zu danken!

⌐ ¡No hay de qué!
nicht es-gibt von was
Nichts zu danken!

Sich entschuldigen

¡Perdón!	Entschuldigung!
⌐ ¡Perdone!	Entschuldigen Sie!
⌐ ¡Perdona!	Entschuldige!

⌐ ¡Lo siento mucho!
es (ich-)fühle viel
Es tut mir sehr Leid!

⌐ ¡No pasa nada!
nicht (es-)passiert nichts
Kein Problem!

⌐ ¡No quería molestar(le)!
nicht (ich-)wollte stören(-ihm)
Ich wollte (Sie) nicht stören!

¡No es molestia!
nicht (es-)ist Störung
Es stört (mich) nicht!

Disculpe, ¿la estación ... ?
(er/sie-)entschuldigt, die Bahnhof ...
Entschuldigen Sie, wo ist der Bahnhof?

Wünschen

¡Salud!
Gesundheit
Prost!

¡Buena suerte!
viele(w) Glück
Viel Glück!

¡Va por ti / vosotros!
(es-)geht wegen dir / euch
Es wird schon gut gehen!

¡Ojalá que tengas suerte!
hoffentlich dass (du-)besitzest Glück
Hoffentlich hast du Glück!

Abendstimmung an der Costa de la Luz

©nk

Das erste Gespräch

In einem ersten Gespräch werden wahrscheinlich folgende Fragen und Antworten vorkommen.

Wie heißt du?

¿Cómo te llamas?
wie dich (du-)nennst
Wie heißt du?

¿Quién eres tú?
wer (du-)bist, du
Wer bist du?

Me llamo Rodrigo, ¿y tú?
mich (ich-)nenne Rodrigo und du
Ich heiße Rodrigo, und du?

Mi nombre es Paco.
mein Name ist Paco
Mein Name ist Paco.

¡Encantado/-a!
entzückend(m/w)
Sehr erfreut!

¡Mucho gusto!
viel Vergnügen
Mit großem Vergnügen!

Tú eres María, ¿no?
du (du-)bist María, nicht
Du bist María, nicht wahr?

No, yo soy Eva y ella es María.
nein ich (ich-)bin Eva und sie (sie-)ist María
Nein, ich bin Eva, das ist María.

🎵 **Te presento a mi padres.**
dich (ich-)vorstelle zu meine Väter
Darf ich dir meine Eltern vorstellen?

🎵 **Este es mi compadre / amigo.**
dieser (er-)ist mein Freund
Das ist mein Kumpel / Freund.

Gefällt es dir?

🎵 **¿Te gusta el jerez?**
dir (es-)gefällt der Jerez
Magst du Jerez-Wein?

🎵 **¿Estaba bueno el pescaíto?**
(er-)war gut der Fisch
War der Fisch gut?

🎵 **¡Estaba riquísimo!**   **¡Me encanta!**
(er-)war reichst   *mich (er-)verzaubert*
Er war ausgezeichnet! Er ist ausgezeichnet!

🎵 **¡No me ha gustado mucho!**
nicht mir (es-)hat gefallen viel
Es hat mir nicht gut gefallen!

Woher kommst du?

In Andalusien werden die Touristen gerne als guiris *(Ausländer)* bezeichnet. Diese Bezeichnung wird als nette Umschreibung für Leute verwendet, die sich mit dem Land und den Gebräuchen nicht auskennen.

♪ ¿Perdona, tú no eres de aquí, verdad?
entschuldige!, du nicht bist von hier Wahrheit
Entschuldige, aber du bist nicht von hier,
oder?

♪ Es un guiri de Suecia.
(er-)ist ein Guiri von Schweden
Das ist ein „Guiri" *(Ausländer)* aus Schweden.

♪ ¿Cuál es tu país?   ♪ ¿De dónde eres?
welches ist dein Land   *von wo (du-)kommst*
Aus welchem Land   Woher kommst du?
kommst du?

♪ ¿Eres de Alemania o de Inglaterra?
(du-)bist von Deutschland oder von England
Kommst du aus Deutschland oder aus
England?

♪ No soy andaluz.   ♪ Soy de Bavaria.
nicht bin Andalusier   *bin von Bayern*
Ich bin kein Andalusier. Ich komme aus Bayern.

Nach diesem ersten Kontakt wird man
schnell merken, dass die andalusische Besonderheit auch darin besteht, dass die Menschen mehr von einem erfahren möchten.
Man bedenke hierbei, dass das Verb vivir die
Bedeutungen „leben" und „wohnen" hat.

♪ ¿Dónde vives?   ♪ Vivo en Hamburgo.
wo (du-)lebst   *(ich-)lebe in Hamburg*
Wo lebst/wohnst du?   Ich wohne in Hamburg.

Was arbeitest du? / Studierst du?

¿En qué trabajas?
in was (du-)arbeitest
Was arbeitest du?

		Berufe
empleado	Angestellter	
obrero	Arbeiter	
médico	Arzt	
panadero	Bäcker	
campesino	Bauer	
electricista	Elektriker	
peluquero	Friseur	
profesor	Lehrer	
abogado	Rechtsanwalt	
estudiante	Student	
artista	Künstler	
científico	Wissenschaftler	
pensionista	Rentner	

¿Estás estudiando?
(du-dich-)befindest studierend
Studierst du?

		Studium
arquitectura	Architektur	
economía	BWL	
geografía	Geographie	
literatura	Literaturwissenschaften	
informática	Informatik	
derecho	Jura	
medicina	Medizin	
pedagogía	Pädagogik	

Was machst du hier?

¿Qué estás haciendo tan al Sur?
was (du-dich-)befindest machend so in-der Süden
Was machst du hier im Süden?

Estoy de vacaciones.
(ich-mich-)befinde von Ferien
Ich mache Ferien.

Kennst du ...? / Hast du gesehen?

¿Conoces a Pedro?   ¡No, no qué va!
(du-)kennst zu Pedro   *nein nein was geht*
Kennst du Pedro?   Nein, wo denkst du hin!

¡Sólo llevo tres días aquí!
nur (ich-)trage drei Tage hier
Ich bin erst drei Tage hier.

¿Has visto la Giralda?
(du-)hast gesehen die Giralda
Hast du die Giralda schon besucht?

Sí, es muy bonita.
ja (sie-)ist sehr schön(w)
Ja, sie ist sehr schön.

Hast du Lust ...?

¿Tienes ganas de ir al cine?
(du-)besitzt Lüste von gehen zu-der Kino
Hast du Lust, ins Kino zu gehen?

¡Sí, claro, me encantaría!
ja klar mich (es-würde-)entzücken
Ja, klar, das würde mir gefallen!

¿Vamos de tapeo, por ahí?
(wir-)gehen von essen durch hier-entlang
Gehen wir hier in der Nähe etwas essen?

¡Lo siento, pero ya he quedado!
es (ich-)fühle aber schon (ich-)habe geblieben
Tut mir Leid, aber ich bin bereits verabredet!

Alter

¿Me dices qué edad tienes?
mir (du-)sagst was Alter (du-)besitzt
Sagst du mir, wie alt du bist?

¿A tí qué te importa?
zu dir was dich (es-)interessiert
Was interessiert es dich?

Perdona, ¿muy joven, no?
entschuldige! sehr jung nicht
Entschuldige, aber du bist sehr jung, nicht
wahr?

**Gracias por el piropo, pero tengo trenta y
cuatro años.**
*Danke für der Kompliment aber (ich-)besitze
dreißig und vier Jahre*
Danke für das Kompliment, aber ich bin 34
Jahre.

*Wie überall, ist
das direkte Fragen
nach dem Alter
auch in Andalusien
nicht unbedingt
immer gern gehört.*

Das erste Gespräch

¿Cuántos años tienes?   **¡Adivínalo!**
wie-viele Jahre (du-)besitzt   *rate!-es*
Wie alt bist du?   Rate mal!

🎵 **Acabo de cumplir veintinueve.**
(ich-)beende von erfüllen zwanzig-und-neun
Ich bin gerade 29 Jahre alt geworden.

Du sprichst sehr gut Spanisch!

🎵 **¡Hablas muy bien español, pero entiendes mejor el andaluz!**
(du-)sprichst sehr gut Spanisch, aber (du-)verstehst besser der Andalusisch
Du sprichst sehr gut Spanisch, aber du verstehst besser das Andalusische!

©ba

■ Römische Brücke in Córdoba

Floskeln & Redewendungen

Floskeln und Redewendungen sind wie das Salz in der Suppe. Wenn Sie ein paar der folgenden Wendungen ins Gespräch einstreuen, werden Ihre Andalusisch-Kenntnisse ehrlich bewundert.

¡Venga ya!
komm! schon
Na, komm schon! /
Sag bloß!

¡Vale, quillo!
(es-)gilt Junge
In Ordnung, Junge!

Die Floskel una jartá wird zu allen möglichen Anlässen gesagt, um „Das ist ja eine Menge …" auszudrücken.

una jartá de aceitunas / alcachofas …
eine Menge von Oliven / Artischocken …
eine Menge Oliven / Artischocken …

¡No tengas tanta mala follá!
nicht (du-)besitzest so-viele schlechte Bumserei
Jetzt sei mal besser gelaunt!

¡Venga, vamos!
komm (wir-)gehen
Komm, gehen wir!

¿En serio?
in Ernst
Nein, wirklich?

¡No me lo creo, mi arma [alma]**!**
nicht mir es (ich-)glaube meine Seele
Ich glaub' es nicht, meine Seele!

🎵 **¡Acércate aquí!**
näher!-dich hier
Komm hierher!

¡Ven pa' cá!
komm! für hier
Komm hierher!

🎵 **Para y escucha tranquilo.** 🎵 **Tienes razón.**
halt! und hör! ruhig *(du-)besitzt Recht*
Wart mal und hör zu! Du hast Recht.

🎵 **(No) estoy de acuerdo.**
(nicht) (ich-mich-)befinde von Übereinstimmung
Ich bin (nicht) einverstanden.

¡Ojalá no llueva! 🎵 **Me parece que ...**
hoffentlich nicht (es-)regne mir (es-)scheint, dass ...
Hoffentlich regnet es   Es scheint mir, dass ...
nicht.

🎵 **Ahora no. ¡Llevo prisa!**
jetzt nicht (ich-)trage Eile
Jetzt nicht. Ich bin in Eile.

🎵 **¡A mí, ni fu ni fa!**
für mich nicht so nicht so
Das ist mir so ziemlich egal!

🎵 **¡Lo siento, pero eso no te lo crees ni tú!**
es (ich-)fühle aber dieses nicht dir es (du-)glaubst nicht du
Es tut mir Leid, aber das glaubst doch noch
nicht mal du!

Hören Sie in Andalusien genau hin, ob Sie auch
die folgenden Formulierungen heraushören!

tomarse un chicotazo
den letzten Schluck eines Weinglases nehmen, was so viel bedeutet wie „immer der letzte in der Kneipe sein" bzw. „ganz schön viel getrunken haben"
(„nehmen-sich ein Schluck")

hacer una faena
jemandem etwas Schlechtes wollen
(„machen eine Stierkampf")

pillarle el toro
eine Sache nicht rechtzeitig zu Ende bringen („treffen-ihn der Stier")

sufrir una cogida
etwas Schlimmes erleiden
(„erleiden eine Unfall")

estar hecho un toro
sehr robust, sehr gesund sein
(„(sich-)befinden gemacht ein Stier")

coger el toro por los cuernos
eine schwierige Sache ohne Angst ertragen
(„packen der Stier wegen die Hörner")

cortarse la coleta
aufhören, etwas zu tun
(„schneiden-sich die Zopf")

echar un capote
jemandem helfen („werfen ein Umhang")

andalusische Redewendungen

Im Andalusischen bedeuten viele Ausdrücke etwas anderes, als man vom Spanischen her gewohnt ist, und umgekehrt. Einige Formulierungen gibt es auch nur in Andalusien. Im Folgenden sind die wichtigsten aufgeführt.

andalusische Ausdrücke

Andalusisch	Spanisch	
canino	delgado	dünn, schmal
capear a alguien	engañar	jemanden täuschen
chalao	loco	verrückt
coscarse	darse cuenta	eine Sache bemerken
dar el quiebro	librarse	jemanden abwimmeln
desanchoso	orgulloso	stolz
desangelao	antipático	unsympathisch
deslachao	desvergonzado	unverschämt
desnortao	perdido	verloren
diñar	dar	geben
escabechar	dar la lata a	jemandem auf die Nerven fallen
escardao	enfadado	sauer sein
esmulabao	fatigado	hundemüde
estar picado	estar ofendido	beleidigt sein
estragao	corompido	verdorben, schlecht
explayarse	impertinente	unverschämt sein
faltusco	loco	verrückt
frito	dormir	schlafen
fundir	prodigar	Geld ausgeben, verschwenden
guarrear	ensuciar	verdrecken, schmutzig machen
insurtarse	volverse loco	den Verstand verlieren
jartible	pesado	lästig, aufdringlich
majarao	chalado	verrückt, bescheuert
marinear	escalar	klettern
pachorro	tranquillo	langsam, ruhig
palmar	perder	verlieren
pazguato	ingenuo	dumm, einfältig
pirar	andar	gehen, wandern
privar	beber	trinken
sobar	tomar	nehmen
zampar	comer	essen

Zu Gast sein

Gastfreundschaft wird in Spanien groß geschrieben, in Andalusien reicht sie fast bis zur Selbstaufgabe. Man sollte sich nicht darüber wundern, wenn man, obwohl man satt ist und deshalb einen Nachschlag beim Essen ablehnt, diesen trotz allem noch bekommt.

Die Argumentation der andalusischen Mütter (und Köche) basiert auf dem einfachen Grundsatz: Der Besucher ist viel zu dünn, und er lehnt den Nachschlag nicht ab, weil er schon satt ist, sondern aus Höflichkeit.

Mit einem Smartphone können Sie sich die mit einem 🎧 gekennzeichneten Sätze dieses Kapitels anhören.

🎧 **¡Pasa, adelante!, ¡Como si fuera tu casa!**
passiere! vorwärts wie ob (es-)wäre dein Haus
Komm rein! Fühl dich wie zu Hause!

🎧 **¿Podemos tutearnos?**
(wir-)können duzen-uns
Können wir uns duzen?

🎧 **Sí, claro, ¡no hay problema!**
ja klar nicht es-gibt Problem
Aber sicher, kein Problem!

🎧 **¡Siéntate dónde quieras y ponte cómodo!**
setz!-dich wo (du-)willst und fühl!-dich bequem
Setz dich, wohin du möchtest und mach's dir bequem.

🍴 **Estoy bien aquí, muchas gracias.**
(ich-mich-)befinde gut(U) hier viele(wMz) Danke
Ich sitze gut hier, vielen Dank.

Selbst beim Gebrauch der Verkleinerungsform **un** *poquito de algo (ein klein wenig) wird man wundersamerweise eine große Portion erhalten – wenn man Glück hat, kann es auch noch etwas mehr sein.*

🍴 **¿Quieres tapear algo?**
(du-)willst naschen etwas
Möchtest du eine Kleinigkeit essen?

¿Te pongo una cervecita?
dir (ich-)stelle eine Bierchen
Kann ich dir ein Bier bringen?

... un cafecito	ein Kaffee
... un refresco	ein Erfrischungsgetränk

🍴 **Sí, un café está bien, gracias.**
ja ein Kaffee (er-sich-)befindet gut(U) Danke
Ja, ein Kaffee wäre in Ordnung, danke.

🍴 **¿Quieres otro plato?**
(du-)willst anderer Teller
Möchtest du noch einen Teller?

... otro cubierto	ein anderes Gericht
... anderer Besteck	
... otro vaso de vino	ein Glas Wein
... anderer Glas von Wein	

🍴 **¿Me pasas el pan / un vaso / un tenedor?**
mir (du-)reichst der Brot / ein Glas / ein Gabel
Gibst du mir bitte das Brot / ein Glas /
eine Gabel?

🖤 **¿Te sirvo un poquito más?**
dir (ich-)serviere ein wenig mehr
Kann ich dir noch etwas auftun?

🖤 **No, gracias. ¡De verdad!**
nein Danke von Wahrheit
Nein, danke, wirklich nicht!

🖤 **Estoy lleno / llena.**
(ich-mich-)befinde voll(m/w)
Ich bin satt. *(sagt Mann / Frau)*

🖤 **La comida estaba riquísima / muy buena.**
die Essen (sie-sich-)befand reichst(w) / sehr gute(w)
Das Essen war hervorragend / sehr gut.

Familie *(la familia)*

In Andalusien wie auch im restlichen Spanien ist die Familie nach wie vor patriarchalisch organisiert. Der Vater ist zwar das Familienoberhaupt, wird jedoch mit ironischem Unterton nach dem Herrn im Hause gefragt ...

¿Quién lleva los pantalones en tu casa?
wer (er/sie-)trägt die(mMz) Hosen in dein Haus
Wer hat die Hosen zu Hause an?

... wird man ohne Zögern die Antwort hören: mi mujer bzw. der in Andalusien häufig verwendete Ausdruck mi parienta *(meine Frau)*.

In Andalusien wartet die Familie nicht auf Weihnachten oder eine Beerdigung, bis sie zu-

sammenkommt. Bereits Kleinigkeiten sind Anlass genug, um zu feiern (vor allem am Sonntag).

🔊 **¿Cómo está tu parienta?**
wie (sie-sich-)befindet deine Frau
Wie geht es deiner Frau?

🔊 **¡Muy bien, gracias!, ¿y la tuya?**
sehr gut(U) Danke und die deine
Sehr gut, danke, und deiner?

🔊 **¿Qué tal los hijos?,¿han empezado a trabajar?**
wie solches die(m Mz) Kinder (sie-)haben begonnen zu arbeiten
Wie geht es den Kindern? Haben sie angefangen zu arbeiten?

🔊 **¿Y la familia?, ¿están todos bien?**
und die Familie (sich-)befinden alle(m Mz) gut(U)
Und die Familie? Geht es allen gut?

🔊 **¿Cómo se llaman tus padres?**
wie sich (sie-)nennen deine Väter
Wie heißen deine Eltern?

🔊 **Tu esposo / marido es muy simpático.**
dein Ehemann (er-)ist sehr sympathisch(m)
Dein Mann ist sehr nett.

🔊 **¡Tienes una familia encantadora!**
(du-)besitzt eine Familie entzückende(w)
Du hast eine tolle Familie!

abuela	Großmutter
abuelo	Großvater
amiga	Freundin
amigo	Freund
compadre	Kumpel, Freund
comadre	Freundin
cuñada	Schwägerin
cuñado	Schwager
esposa, mujer, parienta	Ehefrau
familia	Familie
hermana	Schwester
hermano	Bruder
hija	Tochter
hijo	Sohn
madrina	Taufpatin
mama, madre	Mutter
marido, esposo	Ehemann
nieta	Enkelin
nieto	Enkel
novia	Verlobte
novio	Verlobter
padres	Eltern
padrino	Taufpate
papa, padre	Vater
prima	Cousine
primo	Cousin
sobrina	Nichte
sobrino	Neffe
suegra	Schwiegermutter
suegro	Schwiegervater
tía	Tante
tío	Onkel

Im Vergleich mit anderen westeuropäischen Ländern bleibt die spanische bzw. andalusische Familie lange Zeit unter einem Dach zusammen.

Die hohe Arbeitslosigkeit in Andalusien und das geringe Lohnniveau sind wichtige Gründe für die Kinder, im Haus ihrer Eltern zu bleiben.
Oft findet man mehrere Generationen unter einem Dach vereint.

Das Wetter

In vielen Redewendungen über das Wetter wird das Wort hacer *(machen)* gebraucht. In Andalusien wird außerdem sehr häufig statt des korrekten el calor *(die Hitze)* das typische la caló verwendet.

Bei Tarifa: Europa und Afrika

Hace mucha caló.
(es-)macht viele(w) Wärme
Es ist sehr heiß.

Hace sol.
(es-)macht Sonne
Die Sonne scheint.

Hace treinta grados.
(es-)macht dreißig Grade
Es sind 30 Grad.

Sopla viento.
(er-)bläst Wind
Es ist windig.

Llueve mucho.
(es-)regnet viel
Es regnet viel.

Hace frío.
(es-)macht Kälte
Es ist kalt.

Hace buen / mal tiempo.
macht gut / schlecht Wetter
Das Wetter ist gut / schlecht.

Unterwegs

Keine der andalusischen Städte verfügt über eine Metro, für den neugierigen Besucher sicher auch ein Vorteil, da man mit den vorhandenen Bussen einen Großteil der Stadt erkunden und sich an den wunderbaren Ausblicken erfreuen kann.

⬧ **Podría decirme, ¿dónde está la catedral?**
(er-/sie-)könnte sagen-mir wo (sie-sich-)befindet die Kathedrale
Können Sie mir sagen, wo sich die Kathedrale befindet?

⬧ **Por favor, ¿hay un correo por aquí cerca?**
wegen Gefallen es-gibt ein Post durch hier nahe
Entschuldigung, gibt es hier in der Nähe eine Post?

⬧ **Perdón, ¿la calle Ancha?**
Verzeihung die Straße Ancha
Entschuldigung, wo geht's zur Ancha-Straße?

⬧ **¿Vas a pie o en autobús?**
(du-)gehst zu Fuß oder in Bus
Gehst du zu Fuß oder fährst du mit dem Bus?

⬧ **Coge la primera calle a la izquierda.**
ergreif! die erste Straße zu die linke
Nimm die erste Straße links.

In Sevilla gibt es die beliebten calesas, eine Art Pferdekutsche, mit der man die Stadt besichtigen kann und die etwa fünf Euro extra kostet.

🔊 **Después siga derecho hasta la esquina.**
dann folge! geradeaus bis die Ecke
Dann geradeaus bis zur Ecke.

🔊 **Entonces son sólo dos pasos hasta el teatro Colón.**
danach (sie-)sind nur zwei Schritte bis der Theater Colón
Danach sind es nur ein paar Schritte bis zum Theater Colón.

mit öffentlichen Verkehrsmitteln

Für Besucher sicherlich überraschend ist, dass in andalusischen Bussen viel und laut gesprochen wird. Probieren Sie es aus, nehmen Sie irgendeinen Bus und hören Sie ... Vergessen Sie aber nicht, vorher eine Fahrkarte direkt beim Fahrer zu kaufen!

In den großen Städten (Granada, Sevilla, Córdoba) gibt es auch die Möglichkeit, einen bonobus bzw. eine Zehnerkarte zu kaufen, was sehr praktisch ist.

Parar *bedeutet „halten, stoppen", die 3. Person Einzahl gleicht in der Schreibweise* para „für".

🔊 **¿Para aquí el autobús de la línea siete?**
(er-)hält hier der Bus von die Linie sieben
Hält hier der Bus der Linie 7?

🔊 **No, en esta parada solo para el número seis.**
nein in diese Haltestelle nur (er-)hält der Nummer sechs
Nein, an dieser Haltestelle hält nur die Linie 6.

🔊 **¿Dónde está la próxima parada de autobús?**
wo (sich-)befindet die nächste Haltestelle von Bus
Wo ist die nächste Bushaltestelle?

🔊 **¿El autobús llega a las cinco?**
der Bus (er-)ankommt zu die(w Mz) fünf
Kommt der Bus um fünf Uhr an?

🔊 **¿Vende usted billetes?**
(er-)verkauft Sie Fahrkarten
Verkaufen Sie Fahrkarten?

🔊 **Un billete a la plaza de España, por favor.**
ein Fahrkarte zu die Platz von Spanien wegen Gefallen
Einmal zur Plaza de España, bitte.

🔊 **¿Cuándo sale ... ?**   🔊 **¿Cuándo llegamos?**
wann rausgeht ...   *wann (wir-)ankommen*
Wann fährt ... ab?   Wann kommen wir an?

Wenn man im Bus sitzt und bei der nächsten Haltestelle aussteigen möchte, ruft man:

🔊 **¡Pare, por favor!**   **¡La próxima!**
(er-)anhalte! wegen   *die nächste*
  Gefallen   Die nächste Haltestelle!
Bitte anhalten!

Die meisten Busse haben allerdings einen Knopf, den man drücken kann, damit dem Fahrer signalisiert wird, anzuhalten.

mit dem Taxi

Alle Wege führen nach Rom, und jeder andalusische Taxifahrer ist bereit, dies in die Tat umzusetzen, immer und mit jedem, der bereit ist, dies zu bezahlen.

Die Taxifahrer sind in einem Verbund zusammengeschlossen. Wie in Deutschland hebt man einen Arm und hält damit das Taxi an. Normalerweise muss man den Taxipreis nicht aushandeln, sondern man bezahlt den laut Taxameter ausgewiesenen Preis.

Quiero ir a la calle Segunda Aguada.
(ich-)will gehen zu die Straße Segunda Aguada
Ich möchte zur Segunda Aguada.

¿Me puede llevar?
mich (er-)kann tragen
Können Sie mich dorthin bringen?

Sí, claro. ¿Usted tiene equipaje?
ja klar Sie (er/sie-)besitzt Gepäck
Ja, sicher, haben Sie Gepäck?

Pare aquí, por favor.
(er-)anhalte! hier wegen Gefallen
Bitte hier anhalten!

Übernachten

Je nach Geldbeutel kann man in Andalusien im Hotel, Hostal oder einer Pension unterkommen. Die Pensionen sind dabei nicht per se die schlechteste Alternative. Manche sind in wunderschönen alten Gebäuden untergebracht. Der turismo rural bedeutet „Unterkunft auf dem Land". Die paradores hingegen, das „Nächtigen wie ein König", gehören nicht zu den billigsten Unterkünften.

Mit einem Smartphone können Sie sich die mit einem 🔊 *gekennzeichneten Sätze dieses Kapitels anhören.*

🔊 **¿Usted tiene una habitación simple / doble?**
Sie (er/sie-)besitzt eine Zimmer einfach / doppelt
Haben Sie ein Einzel- / Doppelzimmer frei?

🔊 **¿Usted tiene una pieza disponible?**
Sie (er/sie-)besitzt eine Stück verfügbar
Haben Sie ein Zimmer frei?

🔊 **No sé hasta cuándo me voy a quedar.**
nicht (ich-)weiß bis wann mich gehe zu bleiben
Ich weiß noch nicht, wie lange ich bleibe.

🔊 **¿Puedo ver la habitación?**   **¡Muy bien!**
(ich-)kann sehen die Zimmer   *sehr gut(U)*
Kann ich das Zimmer sehen?   Sehr gut!

🔊 **Me voy a quedar sólo una noche.**
mich (ich-)gehe zu bleiben nur eine Nacht
Ich werde nur eine Nacht bleiben.

Essen & Trinken

Mit einem Smartphone können Sie sich die mit einem 🎧 gekennzeichneten Sätze dieses Kapitels anhören.

Im Spanischen haben die Ladenbezeichnungen oft die Endung -ería.

Die bekannte spanische tortilla und der gazpacho machten Andalusien in kulinarischer Hinsicht bekannt, aber sie sind bei weitem nicht die einzigen andalusischen Beiträge zur nationalen spanischen Küche. Die über sieben Jahrhunderte dauernde Besetzung der iberischen Halbinsel durch die Araber hinterließ ein Kolorit an exotischen Geschmacksvarianten und eine unglaubliche Varietät an verschiedenen Gerichten, die den Besucher in den kulinarischen Bann zieht.

Lebensmittel

fruta	Obst
frutería	Obstladen

Spezielle andalusische Läden sind die ultramarinos. In diesen ultramarinos wurden zu früheren Zeiten Produkte „von jenseits des Meeres" (ultra-mar) verkauft, und noch heute verwenden die Geschäfte diese Bezeichnung. In der Regel sind es kleinere Supermärkte, die bis spät abends geöffnet haben (23/24 Uhr).

carnicería, *(auch:)* **recova**	Fleischerei
charcutería	Fleischerei
frutería	Obstladen
panadería	Bäckerei

pastelería	Konditorei
pescadería	Fischereigeschäft
verdurería	Obst-Gemüse-Handlung

Obst & Gemüse

ajo	Knoblauch
alcaucil (alcachofa)	Artischocke
apio	Sellerie
breva	Frühfeige
calabacín	Zucchini
cebolla	Zwiebel
chícharo (guisante)	Erbse
chirimoya	Frucht mit weißen Fruchtfleisch und schwarzen Kernen
damasco	Aprikose
granada	Granatapfel
higo (de tuna)	Kaktusfeige
lechuga	Salatkopf
lenteja	Linsen
manzana	Apfel
melocotón	Pfirsich
melón	Melone
naranja	Apfelsine
patata, papa	Kartoffel
pepino	Gurke
pera	Birne
plátano	Banane
sandía	Wassermelone
tomate *(m)*	Tomate

Die chirimoya *ist ähnlich groß wie eine Avocado und schmeckt einfach köstlich.*

Fisch, Fleisch & Wurst	

Fisch & Meeresfrüchte		
	acedía	Scholle
	almejas, coquinas, perrillos, chirlas	Muschel
	atún	Thunfisch
	besugo	Meerbrassen
	bienmesabe, cazón en adobo	marinierter kleiner Hai
	boquerón	Sardelle
	caballa	Makrele
	camarón	Garnele
	cangrejo	Krebs
	chipirón, calamar	Tintenfisch
	chirretes, *(in Malaga:)* **pie de rey**	Sardelle
	gambas	Garnele
	langostino	Languste
	lenguado	Seezunge
	merluza	Seehecht
	mojarra	Brasse
	pulpo	Seekrake
	sardina	Sardine

Fleisch & Wurst		
	bistec *(m)*	(Beef-)Steak
	butifarra	katalanische Wurst
	cerdo (cochíno)	Schwein
	chicharrones *(m Mz)*	Röstfleisch
	chorizo	Paprikawurst
	chuleta	Kotelett
	churrasco	auf offenem Feuer gebratenes Fleisch
	cordero	Lamm

costilla	Rippe
filate (w)	Filet
gallina	Henne
longaniza	Hartwurst
(blanca / roja)	(weiße / rote)
morcilla	Blutwurst
muslo	Keule
pavo	Truthahn
pechuga	Geflügelbrust
pollo	Huhn
salchicha	Bratwurst
salchichón	Dauerwurst
solomillo	Filet
ternera	Kalb

Die longaniza *wird mit „weiß" oder „rot" bezeichnet, je nachdem, ob sie Paprika enthält oder nicht.*

Gewürze

pimentón	Paprikapulver
(dulce / picante)	(süß / scharf)
pimienta	Pfeffer
romero	Rosmarin
sal	Salz
tomillo	Thymian
yerba buena	Pfefferminze

Milchprodukte

leche (w)	Milch
manteca	Bratenfett
mantequilla	Butter
queso (de cabra /	Käse
de oveja)	(Ziegen- / Schafs-)

Essen & Trinken

Brot, Kuchen & Süßspeisen

In Spanien werden Süßwaren als golosina *bezeichnet, in Andalusien heißen sie* chuchería.

alfajor	Lebkuchen
azúcar	Zucker
barra de pan	Baguette
bollo	Milchbrötchen
brazo de gitano	gefüllte Biskuitrolle
chocolate *(m)*	Schokolade
chuchería	Süßwarenladen
empanada	Teigtasche (gefüllt mit Fleisch, Fisch, Käse usw.)
helado	Eis
mermelada	Marmelade
miel *(m)*	Honig
pan campero, pan de pueblo	Hirtenbrot
pastel	Kuchen, Törtchen
pestiño	in Honig getauchter Pfannkuchen
picos *(Mz)*	Gebäckstücke
polvorón	bröseliges Weihnachtsschmalzgebäck
rosquilla	Brezel
tarta	Torte
viena	Brötchen

im Restaurant

Essen in Spanien und in Andalusien ist ein soziales Ereignis, bei dem die Familie, die Freunde oder die Arbeitskollegen sich nicht nur zum Essen treffen, sondern vielmehr das Essen den Rahmen bildet, um sich auszutauschen, Gespräche zu führen, Geschäfte zu tätigen, einfach zusammen zu sein. In Andalusien sind die ventas oder ventorrillos besonders beliebt, rustikale Restaurants, in denen Gerichte der regionalen Küche angeboten werden, und das zu erschwinglichen Preisen.

Falls es keinen freien Tisch gibt, wartet man geduldig an der Theke bei einem Glas Wein und einer tapita *(kleiner Imbiss).*

Und selbstverständlich gibt es auch zahlreiche Bars und Cafeterias für diejenigen, die sich una copa de vino *(ein Glas Wein)* oder einen cortado *(Espresso)* gönnen möchten. Normalerweise werden in den Restaurants keine Tische vorbestellt, man kommt und fragt nach einem freien Platz: ¿Hay mesa libre, por favor?

entrada	Vorspeise
plato principal	Hauptgericht
sopa	Suppe
postre (m)	Nachtisch
desayuno	Frühstück
tapeo	Tapas essen
almuerzo	Mittagessen
merienda	Nachmittagsmahlzeit
cena	Abendessen

¿Podemos reservar una mesa?
(wir-)können reservieren eine Tisch
Können wir einen Tisch reservieren?

Tisch reservieren

Sí, claro. ¿Cómo no?
ja klar wie nicht
Ja, sicher, sehr gerne.

🍷 **Quiero una mesa para dos / tres.**
(ich-)will eine Tisch für zwei / drei
Ich möchte einen Tisch für zwei / drei
Personen reservieren.

🍷 **Lo siento, señor / caballero, pero
no reservamos mesas.**
*es (ich-)fühle Herr,aber nicht (wir-)reservieren
Tische*
Es tut mir Leid, aber wir reservieren keine
Tische.

🍷 **¿A qué hora cierran?**
zu welche Stunde (sie-)schließen
Wann schließen Sie?

bestellen 🍷 **¿Me trae la carta?**
mir (er/sie-)bringt die Karte
Bringen Sie mir bitte die Karte?

🍷 **¿Tienen menú del día?**
(sie-)besitzen Menü von-der Tag
Haben Sie ein Tagesmenü?

🍷 **Los cubiertos, ¡por favor!**
die Bestecke, wegen Gefallen
Das Besteck, bitte!

🍷 **¿Qué desea / desean tomar?**
was (er/sie-)wünscht/(sie-)wünschen nehmen
Was nehmen Sie?
(Frage an eine / an mehrere Personen)

🍷 **¿Qué prefieren tomar de primero / segundo / postre?**
was (sie-)bevorzugen nehmen von erster / zweiter / Nachtisch
Was möchten Sie zuerst / danach / zum Nachtisch nehmen? *(mehrere Personen gefragt)*

🍷 **¡Quiero una botella de vino de la casa!**
(ich-)will eine Flasche von Wein von die Haus
Ich möchte eine Flasche vom Wein des Hauses.

🍷 **¡Me da un poco de pan / picos!**
mir (er/sie-)gebe! ein wenig von Brot / Kekse
Geben Sie mir bitte ein wenig Brot / Kekse.

🍷 **Tráigame una ensalada mixta.**
(er/sie-)bringe!-mir eine Salat gemischte(w)
Bringen Sie mir bitte einen gemischten Salat.

🍷 **¡La cuenta, por favor!**
die Rechnung wegen Gefallen
Die Rechnung, bitte!

Es ist nicht üblich, die Rechnung unter den Personen aufzuteilen. Man übernimmt den gesamten Betrag, meist tut dies der andalusische Gastgeber. Beim nächsten Mal sollte man aber höflicherweise dann die Rechnung selbst übernehmen.

Einkaufen

Praktisch jedes größere Viertel einer Stadt hat seinen eigenen Straßenmarkt (*mercadillo*). In Andalusien gibt es auch eine Art Wochenmarkt, der je nach Region oder Stadt unterschiedliche Namen trägt, zum Beispiel *Piojito* in Cádiz. In Sevilla wird er als „donnerstags" (*los jueves*, *„die Donnerstage"*) bezeichnet, da er jeweils am Donnerstag stattfindet. Normalerweise sind es Märkte, auf denen billige Kleidung verkauft wird. Noch interessanter sind die schönen, andalusischen Markthallen (*mercados de abastos*), auf denen man meist wesentlich günstiger als im Supermarkt einkaufen kann.

Eine besonders schöne Markthalle findet man in Algeciras. Sie wurde von einem Schüler Gustave Eiffels entworfen.

¿Cuánto es el kilo de lenguado?
wie-viel (es-)ist der Kilo von Seezunge
Wie viel kostet das Kilo Seezunge?

Son tres euros y veinte céntimos.
(sie-)sind drei Euros und zwanzig Cents
Es kostet drei Euro und zwanzig Cent.

Le pongo algo más?
ihm/ihr (ich-)setze etwas mehr
Darf ich Ihnen mehr davon geben?

¿Desea algo más?
(er/sie-)wünscht etwas mehr
Wünschen Sie mehr davon?

Eso es todo.
dieses ist alles
Das ist alles.

🖋 **También quiero medio kilo de besugo.**
auch (ich-)will halber Kilo von Meerbrasse
Ich möchte noch ein halbes Kilo Meerbrassen.

🖋 **¿Le pongo la pieza entera?**
ihm/ihr (ich-)setze die Stück ganze(w)
Darf ich Ihnen das ganze Stück geben?

🖋 **Quiero tres cuartos de jamón ibérico pata negra.**
(ich-)will drei Viertel(Mz) von Schinken iberischer Pata Negra
Ich möchte 750 Gramm von dem iberischen Pata-Negra-Schinken.

🖋 **¿Tienen Nutella o chucrut?**
(sie-)besitzen Nutella oder Sauerkraut
Haben Sie Nutella oder Sauerkraut?

🖋 **¿A cuánto está el kilo de sandía?**
auf wie-viel (er-sich-)befindet der Kilo von Wassermelone
Wie viel kostet das Kilo Wassermelone?

🖋 **¡Un euro treinta y tres! Es muy caro.**
ein Euro dreißig und drei, (es-)ist sehr teuer
Ein Euro dreiunddreißig! Das ist sehr teuer.

🖋 **Póngame mejor medio de plátanos.**
(er/sie-)setze!-mir besser halb von Bananen
Geben Sie mir lieber ein halbes Kilo Bananen.

In den großen Supermärkten (super-mercados) in Andalusien kann man in der Regel von 10 bis 22 Uhr ununterbrochen einkaufen.

Kleidung

¿Dónde puedo comprar ropa?
wo (ich-)kann kaufen Kleidung
Wo kann ich Kleidung kaufen?

Farben:		
azul *(blau)*	**traje** *(m)*	Anzug
amarillo *(gelb)*	**bañador**	Badehose
blanco *(weiß)*	**sostén** *(m)*	BH
colorao, rojo *(rot)*	**blusa**	Bluse
gris *(grau)*	**talle** *(w)*	Größe *(Kleidung)*
marrón *(braun)*	**cinturón**	Gürtel
morao *(lila, violett)*	**guante** *(m)*	Handschuh
naranja *(orange)*	**camisa**	(Ober-)Hemd
negro *(schwarz)*	**pantalón**	Hose
verde *(grün)*	**abrigo**	Jacke
	corbata	Krawatte
	pañal	Latzhose *(für Babys)*
	jersey *(m)*	Pullover, Sweat-Shirt
	cierre *(m)*	Reißverschluss
	falda	Rock
	zapatos *(Mz)*	Schuhe
	zapatillas *(Mz)*	Schuhe mit flachem Absatz
	calcetín *(m)*	Socke
	botas *(Mz)*	Stiefel
	camiseta	T-Shirt, Unterhemd
	camiseta interior	Unterhemd
	calzoncillos *(Mz)*	Unterhose
	ropa interior	Unterwäsche
	zapatos de senderísmo	Wanderschuhe

🖐 **Necesito ...**
(ich-)brauche ...
Ich brauche ...

🖐 **¿Qué tamaño tiene?**
was Größe (er/sie-)besitzt
Welche Größe haben Sie?

🖐 **Me lo voy a llevar.**
mich es (ich-)gehe zu tragen
Ich nehme es.

was man im Urlaub brauchen kann

batería	Batterie
libro	Buch
disco compacto	CD
paño higiénico	Damenbinde
carrete *(m)*	Film *(Foto)*
vela, candela	Kerze
preservativo	Kondom
postal	Postkarte
jabón	Seife
gafas *(Mz)* **del sol**	Sonnenbrille
crema bronceadora	Sonnencreme
cerilla, fósforo	Streichhölzer
tabla deslizadora	Surfbrett
papel *(m)* **higiénico**	Toilettenpapier
detergente *(m)*	Waschmittel
pañales *(m Mz)*	Windeln
pasta dentrífica	Zahnpasta
revista	Zeitschrift
periódico	Zeitung

La Lidia – der Stierkampf

Der Stierkampf ist besonders in Andalusien stark etabliert. Die Ursprünge des Stierkampfes reichen bis ins ausgehende Mittelalter, die Figur des einfachen picador *(Stierkämpfer)*, zusammen mit dem escudero *(Schildknappe)* wurde vor allem seit Ende des 19. Jahrhunderts geprägt und ritualisiert.

Regeln

Torero ist eine Berufsbezeichnung (jemand, der mit den Stieren kämpft). Das Wort matador ist auch ein häufig verwendeter Ausdruck für jemanden, der viel Erfolg hat.

Die corridas *(Stierkämpfe)* beginnen immer um 17 Uhr am Nachmittag. Bei jedem Stierkampf wird gegen sechs Stiere „gekämpft". Die matadores *(Oberstierkämpfer)* präsentieren sich vor Beginn im Rhythmus des pasodoble im paseíllo. Jeder neue Stier wird mit einer Fanfare angekündigt.

Die corrida besteht aus drei Phasen: Zuerst wird der Stier durch die picaderos mit ihren Lanzen gereizt. Danach setzen die banderillos nach Anweisung des matador ihre banderillas, bis in der dritten Phase der matador den geschwächten Stier mit seinem estoque *(Degen)* tötet.

Das Publikum spielt beim Stierkampf eine wichtige Rolle, sei es durch Applaus und das Ausrufen von olé bei einer guten Leistung des Stierkämpfers, sei es durch die so genannte panolada, die Missfallensbekundungen des Publikums durch Pfeifen oder dem Schwenken des Taschentuches in der Luft. Letztendlich entscheidet das Publikum, ob der Stierkämpfer eine erfolgreiche faena absolviert hat oder

©bn

Stierkampfarena in Málaga

nicht. Der matador erhält bei einer guten faena ein Ohr des Stieres, bei einer sehr guten faena zwei Ohren des Stieres oder wird sogar auf Schultern aus der Arena getragen, wenn es sich um eine außergewöhnliche Leistung gehandelt hat.

Das letzte Wort, ob dem Stierkämpfer die Ohren des Stieres zukommen, hat jedoch der Präsident der Stierkampfarena, auch wenn er durch die Beifalls- bzw. Missfallensbekundungen des Publikums sehr wohl beeinflusst wird.

rund um den Stierkampf

burladero	Schutzwand für den Stierkämpfer
banderilla	Eine banderilla ist ein ca. 65 cm langer Stock, der mit bunten Papierbändern umwickelt ist und an dessen Spitze sich ein stählerner Widerhaken befindet. Der banderillo bzw. der matador hat je eine banderilla in jeder Hand.
brindar al toro	Die Regel schreibt vor, dass der matador, bevor er sich anschickt den Stier zu töten, den Präsidenten des Platzes um Erlaubnis ersucht und ihm den Tod des ersten Stieres widmet. Dem folgt manchmal eine Widmung für das Publikum im Allgemeinen. Anschließend hat der matador die Freiheit, den ersten Stier noch einmal einer Persönlichkeit zu widmen, die er bewundert oder schätzt, oder jemandem im Publikum.
faena	die Leistung des Stierfechters
capa	Stierfechtermantel, aus rotem Leinen
capote / capa	Es gibt für die einzelnen Etappen einer corrida unterschiedliche capas: capote de brega (Arbeitscapa), capote de monte (ziehen die Toreros in den Pausen über), capote de paseo (mit Goldflitter und Silberschmuck bestickter Mantel, den die Toreros nur überziehen, wenn sie den Platz betreten).
capote de muleta	Im letztem Drittel der corrida trägt der matador die muleta, ein sehr viel kleineres rotes Tuch aus Flanell oder Serge.
sufrir una cogida	Der Stier nimmt den torero auf die Hörner.

La Lidia – der Stierkampf

eine Art Stallbox, Ort, wo der Stier einge-sperrt ist, bis er in die Arena muss	**chiquero**
Stierkampf-Veranstaltung	**corrida de toros**
gebräuchlicher Ausdruck der Bericht-erstattung über den Stierkampf in den spanischen Tageszeitungen	**la lidia**
Helfer des picador, eilt diesem zu Hilfe bei einer möglichen cogida	**monosabio**
Kopfbedeckung des matador	**montera**
Stab mit Scharlachtuch	**muleta**
typischer Ausruf des Publikums, der die Bewunderung für den matador ausdrückt	**¡olé!**
Hauptplatz des Stierkampfes	**plaza de toros**
verschiedene Bewegungen („Figuren") des torero vor dem Stier, es gibt verschiedene pases, je nach Situation	**pase**
den Stab mit dem Scharlachtuch dem Stier entgegenhalten und ihn dann vorbei-schießen lassen	**pase de muleta**
der Todesstoß mit dem Degen, der den Stier direkt ins Rückenmark treffen soll	**pase de descabello**
An diesem Platz präsentieren sich die To-reros: hacer el paseíllo „in die Arena einziehen"	**paseíllo**
Stierkämpfer zu Pferde, der dem Stier mit einer Lanze (pica) verwundet, um ihm den Kopf zu stutzen, damit er nicht mehr unkontrolliert mit dem Kopf links und rechts stößt. Sobald das weiße Taschentuch über der Brüstung der Präsidentenloge hängt, ist der tercio de varas beendet, reiten die picadores aus der Arena, und das Trompetensignal für den tercio de banderillas ertönt.	**picador**

La Lidia – der Stierkampf

sol / sombra	Es wird bei der Sitzplatzvergabe nach Schatten- bzw. Sonnenplätzen unterschieden, wobei die letztgenannten wegen der Temperaturen in Andalusien die billigeren Plätze sind.
suerte, tercio	einzelne Phasen eines Stierkampfes

🎵 **Pedimos una plaza de sombra.**
(wir-)verlangen eine Platz von Schatten
Wir werden einen Platz im Schatten kaufen.

🎵 **Lo siento, señores, pero sólo nos quedan plazas de sol.**
es (ich-)fühle Herren aber nur uns (sie-)bleiben Plätze von Sonne
Es tut mir Leid, aber leider haben wir nur noch Sonnenplätze.

🎵 **No me ha gustado la faena del picador / torero.**
nicht mir (sie-)hat gefallen die Stierkampf von-der Picador / Torero
Mir hat der Stierkampf nicht gefallen.

🎵 **¡Olé, vaya, pase de muleta!**
olé (er-/sie)komme! Durchlass von Muleta
Olé, komm, nimm ihn ins Visier!

Redewendungen aus dem Stierkampf

Der Stierkampf spielt in Andalusien eine so große Rolle, dass viele Wörter aus dem Stierkampf in der Alltagssprache vorkommen.

alguien es un toro corrido
jemand, der viel ausprobiert, der aber durch gemachte Erfahrungen sehr wohl weiß, was er tut *(„jemand (er-)ist ein Stier laufender")*

alguien es un toro bravo
eine mutige Person, jemand, der bereit ist zu kämpfen *(„jemand (er-)ist ein Stier tapfer")*

capear a alguien
jemanden mit Täuschungen und Ausreden hinhalten *(„drücken zu jemand")*

coger el toro por los cuernos
eine schwierige Sache, die entschieden wurde, ohne Angst ertragen
(„nehmen der Stier über die Hörner")

cortarse la coleta
aufhören, etwas zu tun
(„schneiden-sich die Zopf")

dar el quiebro
jemand abwimmeln *(„geben der Krümmung")*

decir una cosa para su capote
etwas zu sich selbst in Gedanken sagen (ohne es auszusprechen)
(„sagen eine Sache für sein Umhang")

echar un capote
jemandem helfen *(„werfen ein Umhang")*

estar hecho un toro
sehr robust, sehr gesund sein
(„(sich-)befinden gemacht ein Stier")

estar picado
beleidigt sein *(„(sich-)befinden gestochen")*

hacer una faena
jemanden etwas Schlechtes wollen
(„machen eine Stierkampf")

pillarle el toro
eine Sache nicht rechtzeitig zu Ende bringen
(*„treffen-ihn der Stier"*)

salir por la puerta grande
etwas sehr erfolgreich zu Ende bringen
(*„gehen durch die Tür große"*)

ver los toros desde la barrera
ein Ereignis mit sehr viel Gelassenheit
betrachten, so als hätte es überhaupt nichts
mit einem zu tun
(*„sehen die Stiere von die Schranke"*)

🔊 **Tu novio es un toro bravo.**
dein Freund (er-)ist ein Stier mutig
Dein Freund ist ein mutiger Kerl.

🔊 **La vecina está picada.**
die Nachbarin (sie-sich-)befindet beleidigt(w)
Die Nachbarin ist beleidigt.

🔊 **Luis, por favor, eche un capote a Alicia.**
Luis wegen Gefallen wirf! ein Umhang an Alicia
Luis, bitte hilf Alicia.

🔊 **Iñigo parece estar hecho un toro.**
Iñigo (er-)scheint (sich-)befinden gemacht ein Stier
Iñigo scheint sehr robust zu sein.

Flamenco

Nicht alles im Flamenco kommt aus Sevilla, nicht einmal der cante desgarrado bzw. cante jondo), der Teil des Flamenco, der die größte Ausdrucksstärke hat, zugleich aber auch als cante puro – nur mit Stimme und Gitarre, ohne weitere Instrumente – bezeichnet wird.

Eine Form des Flamenco wurde in Andalusien bereits von der einfachen Bevölkerung getanzt, als die ersten Roma im 15. Jahrhundert auf die iberische Halbinsel kamen. Die Musik der gitanos verschmolz im Laufe der Zeit mit den vorhandenen Musiktraditionen Südspaniens.

Der Begriff Flamenco ist nur ein Oberbegriff für eine Vielzahl verschiedener Traditionen und Tänze von den sevillanas bis hin zu den fandangos.

©bn

Flamenco-Tänzerin

Flamenco

Zwei der häufigsten Klischees über den Flamenco sind:
1. Der Flamenco wurde von den Arabern während der arabischen Herrschaft entwickelt und deshalb ist der afrikanische bzw. arabische Einfluss besonders groß (árabes).
2. Der Flamenco ist ausschließlich auf die Kultur der Roma (gitanos) zurückzuführen.

Hier die vier Hauptformen, die sich in Thema und Rhythmus unterscheiden:

1. Alter Gesang (cantes antiguos) einfacher Gesang mit Einflüssen aus der römischen, byzantinischen und westgotischen Kultur. Sevillanas, Trilleras (klassische Regionalfolklore), Peteneras (mit starkem jüdischem Einfluss), Saetas (werden während der Semana Santa vorgetragen und haben deshalb eine starke religiöse Ausrichtung).

2. Reiner, klassischer Flamenco-Gesang (cante jondo). Fandangos, Verdiales, Romeras, Tangos, Alegrias de Cádiz usw.

3. Umgestaltete Regionalfolklore aus Lateinamerika. Colombianas, Milongas, Rumbas, Guajiras.

4. Cante flamenco mit überwiegendem Einfluss der Roma: Tona, Martinete, Debla, Siguiriya, Solea, Cana, Liviana, Serrana.

🎵 **¿Hay hoy cante flamenco?**
es-gibt heute Gesang Flamenco
Gibt es heute Flamenco?

🎵 **El espectáculo es hoy / mañana por la noche.**
der Spektakel ist heute / morgen durch die Nacht
Die Vorstellung findet heute / morgen Abend statt.

🎵 **¿Sabe usted quién canta esta noche?**
(er/sie-)weiß Sie wer (er-)singt diese Nacht
Wissen Sie, wer diese Nacht singt?

🎵 **El más grande cantaor de todos los tiempos: Camarón de la Isla.**
der mehr große Sänger von allen die(Mz) Zeiten:
Garnele von der Insel
Der größte Sänger aller Zeiten:
Camarón de la Isla.

🎵 **¿Cuánto vale / cuesta una entrada / un tiket?**
wie-viel (es-)gilt / kostett eine Eintritt /
ein Ticket
Wie viel kostet der Eintritt?

🎵 **Nada, ¡es gratis! Sólo tiene que pagar las bebidas / consumiciones.**
nichts (es-)ist gratis nur (er/sie-)besitzt dass
bezahlen die(wMz) Getränke / Verzehr
Nichts, es ist umsonst. Sie müssen nur die Getränke / den Verzehr bezahlen.

🎵 **Son doce euros por persona, y seis euros si vienen en grupo de más de diez.**
(sie-)sind zwölf Euros pro Person, und sechs Euros
wenn (sie-)kommen in Gruppe von mehr von
zehn
Es kostet zwölf Euro pro Person und sechs Euro, wenn Sie in einer Gruppe mit mehr als sechs Personen kommen.

Liebesgeflüster

Mit einem Smart-phone können Sie sich die mit einem 🖑 gekennzeichneten Sätze dieses Kapitels anhören.

Seit der cordobesische Maler Julio Romero de Torres (1880-1930) Frauen aus Córdoba malte, war der Prototyp der andalusischen Frau geboren: schwarzes krauses Haar, ruhig und ernst in Gestik, dunkle Augen, laszive Bewegungen, aber doch ehrwürdig in ihrer Erscheinungsform. Auch wenn das ein oder andere Detail etwas von der Realität wiederzugeben scheint, bleibt es doch in erster Linie ein Produkt männlicher Fantasien.

🖑 **¿Puedo invitarte a tomar algo?**
(ich-)kann einladen-dich zu trinken etwas
Kann ich dich zu einem Getränk einladen?

🖑 **¡Creo que me he enamorao de tí!**
(ich-)glaube dass mich ich habe veliebt von dir
Ich glaube, ich habe mich in dich verliebt.

¡Anda yá! ¡No sabes lo que dices!
geh! schon nicht (du-)weißt es was (du-)sagst
Ach was, du weißt nicht, was du sagst.

¿Pasamos la noche juntos?
(wir-)verbringen die Nacht zusammen
Sollen wir die Nacht zusammen verbringen?

Tú me caes bien.
du mir fällst gut(U)
Du gefällst mir.

🖑 **¡Dejáme en paz!**
lass!-mich in Frieden
Lass mich in Ruhe!

Semana Santa

Religöse Feste, Wallfahrten und insbesondere die Semana Santa *(Karwoche)* spielen in Andalusien eine herausragende Rolle. Die Wallfahrten in Andalusien werden romerías genannt, was sich von den ehemals üblichen Pilgerzügen nach Rom ableitet. Die Tradition der Semana Santa geht auf das 16. Jahrhundert zurück, als die katholische Kirche beschloss, der Bevölkerung die Passion Christi auf leicht verständliche und zugleich eindrucksvolle Weise nahe zu bringen. Die bedeutendsten Künstler wurden beauftragt, Heiligenfiguren aus Holz anzufertigen, die dann, mit wertvollen Seidengewändern bekleidet, vor den Prozessionen hergetragen wurden. Der Realismus der Darstellungen hinterließ tatsächlich einen tiefen Eindruck, und noch heute organisieren über 50 Laienbruderschaften die Semana Santa von Sevilla.

¿Vamos a la procesión esta tarde?
(wir-)gehen zu die Prozession diese Nachmittag
Gehen wir am Nachmittag zur Prozession?

¿Dónde se encuentra la más hermosa procesión de Semana Santa?
wo sich (es-sich-)befindet die mehr schöne(w) Prozession von Woche Heilige
Wo kann man die schönste Semana-Santa-Prozession sehen?

🌙 **La Semana Santa en Sevilla es un espectáculo impresionante.**

die Woche Heilige in Sevilla (sie-)ist ein Schauspiel beeindruckend

Die Semana Santa in Sevilla ist ein beeindruckendes Schauspiel.

rund um die Semana Santa

andas *(Mz)*
Holzgestell, über dem das Heiligenbild befestigt ist
banzo
Tragestange für die Heiligenbilder
camarera
Laienschwester, die mit der Aufbewahrung der Kleidung für die Heiligenfiguren betraut ist
capa
Umhang, der den Rücken der Laienbrüder verdeckt
capataz *(m)* **de banceros**
Laienbruder, der die Prozession anführt und die Geschwindigkeit bestimmt
capillita
Fanatiker: jemand, der nur für die Semana Santa lebt
capuchino
Diözese der Laienbruderschaft, die an der Prozession teilnimmt.
capuz *(m)*
Umhang, der die Herkunft der Bruderschaft anzeigt. Der Umhang wird dem „Büßer" bei der Prozession übergestreift und reicht bis zur Taille.

cetro
Stab aus Metall als Zeichen der Autorität, getragen vom capataz de banceros

cordón
Hüftstrick des Ordensgewandes

costalero
Laienbruder, der die Heiligenstatue auf seinen Schultern trägt

escudo
Emblem der Bruderschaft, das auf dem Umhang auf Brusthöhe angebracht ist

guantes *(m Mz)*
weiße Gewänder der Laienbrüder

hachón
Fackel für die Laienbrüder, die die Prozession begleiten

hermandad
Bruderschaft

hermano mayor
derjenige, der während eines Jahres die Präsidentschaft der Bruderschaft innehat

horquilla
Holzstab, der es dem bancero ermöglicht, während kurzer Pausen die Figur von den Schultern zu nehmen und zu halten

nazareno
„Büßer", Teilnehmer der Prozession

penitente *(m)*
Gläubiger, der die Prozession begleitet, mit einem Umhang über dem Kopf (was einen manchmal an die vom Ku-Klux-Clan erinnert), mit Kerzen in der Hand, normalerweise barfuß als Zeichen der Buße.

Mit etwas Glück kann man während einer Prozession eine saeta – einen alten Gesang (s. Kap. „Flamenco") hören, vorgetragen von einem Balkon oder direkt auf der Straße. Falls solch eine saeta vorgetragen wird, hält die Prozession an, bis die saeta zu Ende ist.

Karneval

Nur 40 Tage vor dem Fest „des Geistes", der Semana Santa, liegt das Fest „des Körpers", der Karneval. Und hier werden auch zwei andalusische Charaktere (oder Lebensphilosophien) deutlich: der capillita, der religiöse Eiferer, der nur für die Semana Santa lebt, und der jartible oder Don Carnal, der ausschweifende Lebemann, der die Zeit des Karnevals herbeisehnt.

In dem verbalen Wettstreit der verschiedenen Karnevalsgruppierungen (concurso de agrupaciones) findet man die Ironie und den Witz der andalusischen Sprache in wortgewaltigen Vorträgen. Eine ganze Nacht streiten die verschiedenen Gruppierungen im Theater „Gran Falla" um die Gunst des Publikums. Eine Jury bestimmt den Sieger des Wettstreits. Am Morgen beginnt dann der Karneval der Straße. Verkleidet gehen die Menschen singend und tanzend im Rhythmus der Musik durch die Stadt.

rund um den Karneval

comparsa
Traditionelle Karnevalsgruppierung, die auf ironische Weise das Leben der Stadt behandelt, insbesondere das der Politik

chirigota
Karnevalsgruppierung der „ulkigen Art", die sich über alles und jeden lustig macht (cachondeo)

cuarteto
Gruppe von vier Personen, die in theatralischer Form Parodien vorträgt

coro
Gesangsgruppierung, die eine Mischung aus Wort und Gesang als Medium wählt

¡Cajonazo!
„Betrug!" Nicht immer ist das Publikum mit der Wahl der Jury einverstanden. In solch einem Fall ruft es ¡Cajonazo!

¡Bastinazo!
„Überraschung!" Wenn eine Gruppierung sich besonders hervortut und das Publikum überrascht, wird gerufen: ¡Qué bastinazo!

carrusel (m)
An bestimmten Tagen schließen sich Gesangs- und Karnevalsgruppen zusammen, um den Straßenkarneval zu feiern.

jartible (m)
Fanatiker des Karnevals, jemand, der nur für den Karnveval lebt

Der Karneval spielt in ganz Andalusien eine große Rolle, vor allem aber der Wettstreit der Karnevalsgruppen in Cádiz.

🎭 **Vamos esta noche al teatro Falla para ver el concurso.**
(wir-)gehen diese Nacht zu-der Theater Falla für sehen der Wettstreit
Wir gehen diese Nacht zum Theater Falla, um den Wettstreit zu sehen.

🎭 **¿Hay entradas para el concurso?**
es-gibt Eintritte für der Wettstreit
Gibt es noch Eintrittskarten für die Karnevalssitzung?

©joserpizarro@Fotolia.com

Theater „Gran Falla" in Cádiz

🎵 **¿Vas disfrazado / disfrazada el carnaval?**
(du-)gehst verkleidet(m/w) der Karneval
Verkleidest du dich an Karneval?
(zum Mann / zur Frau)

¡Qué cachondeo!   **¡Es un jartible!**
was Ulk   *(er/sie-)ist ein Fanatiker*
Was für ein Spaß!   Das ist ein Fanatiker!

Bandoleros

Mittlerweile gibt es keine „Revolverhelden"
mehr in Andalusien. Das Klischee des Wege-
lagerers mit langem Bart, langen Koteletten,
einer Pistole und einem Patronengurt in der
spanischen (andalusischen) Literatur ist für
einen Großteil der mythischen Verklärung
des „Banditentums" verantwortlich. Die andalusischen Landstriche boten hervorragen-
de Bedingungen für Banditen und „Böse-
wichte" im Verlauf der Jahrhunderte, v. a. in
der Sierra Morena, der Bergkette, die Andalusien vom restlichen Spanien trennt und
durch die die Hauptroute in die südlichen
Landesteile verläuft.

abuchear	protestieren
achantarse	ruhig sein, schweigen
afanar	rauben, stehlen
agarrao	geizig
amoscarse	beleidigt sein
apañar	in Ordnung bringen, regeln
arrestos	Schneid / Mut / Wert haben
birlar	wegschnappen, klauen, betrügen, umlegen
bregar	mit jemandem kämpfen
bronca	Zank, Krach, Disput
cachas	Arschbacken
candela	Licht, Kerze, Feuer
carcamal	alt, kränklich

Bandoleros

cascajo	Gerümpel, Plunder
cate *(m)*	Schlag, Ohrfeige
cerote *(m)*	Angst
coleto: echarse al coleto	Wams: viel trinken („auf den Wams werfen")
crisma	Kopf
chafar	jemanden zum Schweigen bringen
chamba	Zufall
chinchar	ärgern
chirona	Gefängnis
galvana	Faulheit, Trägheit
gazuza	Appetit
guita	Geld
jaleo	andalusischer Volkstanz
jeta	Gesicht
mollate *(m)*	Wein
pejiguera	lästige Sache
pencar	arbeiten
pesqui	Talent, Intelligenz
pique *(m)*	Groll, Eigensinn
sonanta	Gitarre
tajá	Besäufnis

◗ **Me voy a echar hoy cinco copas al coleto.**
mir (ich-)gehe zu werfen heute fünf Gläser zu-der Wams
Ich werde mir heute einen hinter die Binde gießen.

◗ **Tengo una tajá como un piano de grande.**
(ich-)besitze eine Menge wie ein Klavier von groß
Ich habe mich bis zum Umfallen besoffen.

🎙 **¡Qué gazuza! Me comería hasta un elefante.**
was Appetit mich (ich-würde-)essen bis ein Elefant
Ich habe Hunger wie ein Elefant.

🎙 **Estás hecho todo un carcamal.**
(du-dich-)befindest gemacht alles ein Knacker
Du siehst ganz schön fertig aus.
(zu einem Mann gesagt)

¡Me han birlado la cámara!
mir (sie-)haben geklaut die Kamera
Sie haben mir die Kamera geklaut!

Me gusta pencar aquí.   **¡Qué chamba!**
mir (es-)gefällt arbeiten hier   *was Zufall*
Mir gefällt es, hier zu   Was für ein Zufall!
arbeiten.

Sport & Freizeit

Aktivurlaub und Freizeitaktivitäten sind in Andalusien sehr gut möglich. In den größeren Städten sind Sporteinrichtungen vorhanden, und die landschaftlichen Gegebenheiten bieten unzählige Möglichkeiten für verschiedenste Aktivitäten.

🎙 **¿Qué horario tiene el museo?**
was Zeitplan (er-)besitzt der Museum
Was für Öffnungszeiten hat das Museum?

excursión	Ausflug
agotado	ausverkauft
entrada	Eintrittskarte
mayores *(m Mz)*	Erwachsene
fútbol *(m)*	Fußball
jugar al fútbol	Fußball spielen
taquilla	Kartenschalter
menores *(m Mz)*	Kinder
cine *(m)*	Kino
recital	Konzert, Musikvorführung
museo	Museum
sesión nocturna	Nachtvorstellung
montar a caballo	reiten
escuela de equitación	Reitschule
piscina	Schwimmbad
nadar	schwimmen
esquiar	Ski fahren
deporte *(m)*	Sport
paddle *(m)*	Squash
surfear	surfen
jugar al tenis	Tennis spielen
teatro	Theater
gol	Tor; Tor! *(Ausruf)*
senderismo	Wanderung

◗ **Una entrada, por favor.**
eine Eintritt wegen Gefallen
Eine Eintrittskarte, bitte.

◗ **Dos entradas para la sesión de noche.**
zwei Eintritte für die Vorstellung von Nacht
Zwei Karten für die Nachtvorstellung.

🔊 **Están agotadas las entradas.**
(sie-)befinden ausverkaufte(Mz) die(Mz) Eintritte
Die Veranstaltung ist ausverkauft.

🔊 **¿Usted quiere jugar al tenis?**
Sie (er/sie-)will spielen zu-der Tennis
Möchten Sie Tennis spielen?

🔊 **¿Dónde se puede montar a caballo?**
wo sich (er/sie-)kann steigen zu Pferd
Wo kann man hier reiten?

Fotografieren

Wie überall gilt: Nicht einfach draufloschießen. Fragen Sie im Zweifelsfall lieber um Erlaubnis.

🔊 **¿Se puede sacar una foto (de usted)?**
sich (sie-)kann ziehen eine Foto (von Sie)
Darf man hier (Darf ich Sie) fotografieren?

cámara	Fotoapparat
cámara digital	Digitalkamera
(cámara) vídeo	Videokamera
objetivo	Objektiv
teleobjetivo	Teleobjektiv
objetivo granangular	Weitwinkelobjektiv
flash *(m)*	Blitz
carrete *(m)*, película	Film(rolle)

Mit einem Smartphone können Sie sich die mit einem 🔊 gekennzeichneten Sätze dieses Kapitels anhören.

Behörden

carrete de diapositivas	Diafilm
carrete de color	Farbfilm
carrete en blanco y negro	Schwarzweißfilm
foto(grafía) *(w)*	Foto
negativo	Negativ
copia	Abzug
sacar fotos *ziehen Fotos*	fotografieren
filmar	filmen
revelar	entwickeln

¿Podría relevar esta película?
(er/sie-)könnte entwickeln diese Film
Können Sie mir diesen Film entwickeln?

¿Pueden imprimir fotos digitales?
(sie-)können drucken Fotos digitale
Können Sie Digitalbilder drucken?

Behörden

Als Tourist hat man in der Regel wenig mit Behörden zu tun. Die Kleinkriminalität hat in den letzten Jahren zugenommen. Falls Sie betroffen sind, hilft Ihnen die nächste Polizeidienststelle. In Spanien und somit auch in Andalusien wird zwischen verschiedenen Polizeieinheiten unterschieden.

Guardia civil	grün uniformierte Gendarmerie (u. a. Verkehrsüberwachung)
Policía nacional	schwarz uniformierte Polizei (bei Diebstahl)
Policía municipal	städtische Polizei (blau-weiße Uniform)
robo con fractura	Einbruchdiebstahl
guardia *(m)*	Polizist
robo	Raub
comisaría	Polizeiwache
hacer una denuncia	Anzeige erstatten
seguro	Versicherung

Seien Sie besonders vorsichtig beim Abstellen Ihres Fahrzeuges! In den Innenstädten wird mittels der grua *– des Abschleppdienstes – der Wagen sehr rasch aus dem Parkverbot entfernt.*

❦ **¿Dónde hay una comisaría por aquí?**
wo es-gibt eine Polizeidienststelle durch hier
Wo gibt es hier eine Polizeidienststelle?

❦ **Perdí mis documentos / mi dinero / mi equipaje.**
(ich-)verlor meine Dokumente / mein Geld / mein Gepäck
Ich habe meine Papiere / mein Geld / mein Gepäck verloren.

❦ **Me robaron.**
mich (sie-)beraubten
Ich bin beraubt worden.

❦ **Necesito un recibo para mi seguro.**
brauche ein Bescheinigung für meine Versicherung
Ich brauche eine Bescheinigung für meine Versicherung.

Bank & Geld

In Spanien gilt der Euro. Bankautomaten findet man in größeren Städten an jeder Ecke.

extracción	Abhebung
dirección	Anschrift
banco	Bank
caja automática	Bankautomat
importe *(m)*	Betrag
depositar	einzahlen
depósito	Einzahlung
euro – céntimo	Euro – Cent
formulario	Formular
dinero	Geld
moneda	Kleingeld
cuenta	Konto
cobrar	Geld abheben, Scheck einlösen
titular *(m)*	Kontoinhaber
cajero	Kassierer
tarjeta	Kreditkarte
cheque *(m)* **de viajeros**	Travellerscheck
cambio	Umtausch
firma	Unterschrift
vuelto	Wechselgeld

🔊 **¿Dónde encuentro una caja automática cerca?**
wo (ich-)finde eine Kasse automatisch nahe
Wo finde ich hier in der Nähe einen Geldautomaten?

❧ Van a llamarte en la caja con este número.
(sie-)gehen zu rufen-dich in die Kasse mit dieser Nummer
Man wird Sie an der Kasse mit dieser Nummer aufrufen.

❧ He perdido mi tarjeta de credito.
(ich-)habe verloren meine Karte von Kredit
Ich habe meine Kreditkarte verloren.

In einigen Banken muss man beim Eintreten eine Nummer ziehen. Diese werden dann angezeigt bzw. aufgerufen, wenn man an der Reihe ist.

Post, Telefon & Internet

Briefmarken erhält man in der Post, aber auch in den estancos *(Kiosken)*, die so ziemlich alles anbieten.

		Post
carta	Brief	
carta certificada	Einschreiben	
telegrama *(m)*	Telegramm	
paquete *(m)*	Paket	
correo	Postamt, Post	
postal *(w)*	Postkarte	
enviar	schicken, senden	
fax *(m)*	Telefax	

❧ ¿Dónde puedo comprar sellos?
wo (ich-)kann kaufen Briefmarken
Wo kann ich Briefmarken kaufen?

❧ Estas cartas a Alemania, por favor.
diese Briefe zu Deutschland, wegen Gefallen
Diese Briefe nach Deutschland, bitte.

❧ ¿Podría darme un sobre / unos sobres, por favor?
(er/sie-)könnte geben-mir ein Umschlag / einige Umschläge wegen Gefallen
Könnten Sie mir bitte einen Umschlag / ein paar Umschläge geben?

Telefon

❧ Por favor, dame una tarjeta telefónica ...
wegen Gefallen, gebe!-mir eine Karte telefonische ...
Geben Sie mir bitte eine Telefonkarte ...

Die meisten Kioske verkaufen auch tarjetas (Telefonkarten zum Telefonieren).

❧ ... por valor de cinco / diez / veinticinco euros.
... durch Wert von fünf / zehn / zwanzig-und-fünf Euros
... im Wert von 5 / 10 / 25 Euro.

teléfono	Telefon
cabina telefónica	Telefonkabine
llamar por teléfono	telefonieren
corta distancia	Ortsgespräch
larga distancia	Ferngespräch
ocupado	besetzt
equivocado	falsch verbunden
móvil	Mobiltelefon

❧ ¿Dónde hay una cabina telefónica por aquí cerca?
wo es-gibt eine Kabine telefonische(w) durch hier nahe
Wo gibt es es in der Nähe eine Telefonzelle?

Die Spanier melden sich grundsätzlich nicht mit dem Namen, sondern mit ¡Diga! *(Sprechen Sie!)* oder einfach nur ¡Sí! *(ja).* Am besten fragt man zuerst nach dem Namen.

Das deutsche Handy funktioniert in Spanien problemlos, aber es ist je nach Anbieter und Roaming-Service die teuerste Variante.

¿Con quién hablo?
mit wer (ich-)spreche
Mit wem spreche ich?

¿Pedro se encuentra?
Pedro sich (er-)befindet
Ist Pedro da?

¿Podría dejarle un mensaje, por favor?
(er/sie)könnte lassen-ihm ein Nachricht wegen Gefallen
Könnten Sie ihm bitte etwas ausrichten?

Él me puede llamar al móvil, por favor.
er mich (er-)kann rufen zu-der Mobil wegen Gefallen
Er kann mich mobil anrufen.

cibercafé *(m)*	Internetcafé	**Internet**
e-mail *(m),*	E-Mail	
correo electrónico		
Post elektronisch		

¿Dónde hay un cibercafé por aquí?
wo es-gibt ein Internetcafé durch hier
Wo gibt es hier ein Internetcafé?

Quiero enviar e-mails.
(ich-)will schicken E-mails
Ich möchte E-Mails verschicken.

Krank sein

Im Krankheitsfall wird man mit der europäischen Versichertenkarte bei einem Vertragsarzt des Staatlichen Gesundheitsamtes (Servicio Andaluz de Salud) kostenlos behandelt. Auch die centros de salud *(Gesundheitszentren)* kann man aufsuchen.

¿Dónde hay una farmacia / un hospital?
wo es-gibt eine Apotheke/ein Krankenhaus
Wo gibt es eine Apotheke / ein Krankenhaus?

¿Podrían llamar a un médico, por favor?
(sie-)könnten rufen zu ein Arzt, wegen Gefallen
Könnten Sie bitte einen Arzt rufen?

Me duele aquí.
mich (es-)schmerzt hier
Mir tut es hier weh.

Tuve un accidente.
(ich-)hatte ein Unfall
Ich hatte einen Unfall.

Soy diabético.
(ich-)bin Diabetiker
Ich bin Diabetiker.

Estoy embarazada.
(mich-)befinde schwanger
Ich bin schwanger.

Tengo diarrea / fiebre.
(ich-)besitze Durchfall / Fieber
Ich habe Durchfall / Fieber.

Me caí.
mich (ich-)fiel
Ich bin gefallen.

Me quemé un poquito aquí.
mich (ich-)verbrannte ein bisschen hier
Ich habe mich hier verbrannt.

alergía	Allergie
dolor de barriga	Bauchschmerzen
presión arterial	Blutdruck
hemorragia	Blutung
fractura	(Knochen-)Bruch
inflamación	Entzündung
vómitos *(Mz)*	Erbrechen
resfriado	Erkältung
conmoción cerebral	Gehirnerschütterung
gripe *(w)*	Grippe
disfonía	Heiserkeit
tos *(w)*	Husten
picadura de insecto	Insektenstich
dolor de cabeza	Kopfschmerzen
sarampión *(m)*	Masern
otitis *(w)* **media**	Mittelohrentzündung
epistaxis *(w)*	Nasenbluten
jamacuco	Ohnmacht
hongos *(Mz)*	Pilzbefall
dolores *(m Mz)*	Schmerzen
resfriado nasal	Schnupfen
vértigo	Schwindel
quemadura	Verbrennung
intoxicación	Vergiftung
lesión	Verletzung
luxación	Verrenkung
distorsión	Verstauchung
herida	Wunde

🖐 **Tengo dolor de muelas.**
(ich-)besitze Schmerz von Backenzähnen
Ich habe Zahnschmerzen.

🎗 **Por favor, no me lo saque.**
wegen Gefallen nicht mir ihn (er-)ziehe!
Bitte nicht ziehen!

🎗 **Póngame una inyección.**
(er/sie-)setze!-mir eine Injektion
Bitte geben Sie mir eine Spritze.

🎗 **No quiero una inyección.**
nicht (ich-)will eine Injektion
Ich möchte keine Spritze.

médico / médica	Arzt / Ärztin
dentista *(m)*	Zahnarzt
pediatra *(m)*	Kinderarzt
hospital	Krankenhaus
farmacia	Apotheke
enfermedad	Krankheit
aspirina (pastilla)	Tablette
gotas (Mz)	Tropfen
supositorio (supo)	Zäpfchen

dos veces al día   **antes de la comida**
zwei Male an-der Tag   *vor von die Essen*
zweimal täglich   vor dem Essen

🎗 **Necesito un recibo y un diagnóstico detallado para mi Seguridad Social.**
(ich-)brauche ein Quittung und ein Diagnose ausführlich für meine Sicherheit sozial
Ich brauche eine Quittung und einen ausführlichen Bericht für meine Krankenversicherung.

Toilette

Oft findet man in Toiletten bereit gestellte Eimer für Toilettenpapier und Damenbinden, dies insbesondere in kleineren Pensionen oder Privathäusern.

Caballeros, Hombres	Herren
Señoras, Mujeres	Damen
ocupado / libre	besetzt / frei
cerrado	geschlossen
papel *(m)* **higiénico**	Toilettenpapier
depósito de agua	Wasserhahn
lavabo	Waschbecken
jabón	Seife

¿Hay un servicio por aquí?
es-gibt ein Bad durch hier
Gibt es hier irgendwo eine Toilette?

Tengo que ir al baño.
(ich-)besitze dass gehen zu-der Bad
Ich muss mal!

El depósito de agua no funciona.
der Behälter von Wasser nicht (er-)funktioniert
Die Spülung funktioniert nicht.

El desagüe está taponado.
der Abfluss (er-sich-)befindet verstopft
Der Abfluss ist verstopft.

Schimpfen & Fluchen

In Andalusien ist man nicht gerade zimperlich mit Kraftausdrücken. Doch bitte Vorsicht vor allzu leichtfertigem Gebrauch. Die hier genannten Schimpfworte können an falscher Stelle geäußert äußerst unangenehme Folgen haben.

¡Vete a la mierda!	**¡Busca quien te lo coja!**
geh!-dich zu die Scheiße	*such! wer dich ihn nimmt*
Fahr zur Hölle!	Fick dich selbst!

¡Hijo de puta	Hurensohn!
Sohn von Hure	
¡Hijo de perra!	Hundesohn!
Sohn von Hündin	
¡Maricón!	Schwuler!
Homo	
tener mucha cara	ziemlich unver-
besitzen viele(w) Gesicht	schämt sein

¡Me da la hostia!	**Me vale mierda.**
mir (er-)gibt die Hostie	*mich (es-)gilt Scheiße*
Er geht mir ziemlich	Das kümmert mich
auf den Geist!	einen Scheiß.

¡Dar por culo!	**¡No me jodas!**
geben wegen Arsch	*nicht mich zerstör!*
Das geht mir am	Verarsch mich nicht!
Arsch vorbei!	

¡Estoy hecho polvo!
(mich-)befinde gemacht Staub
Ich bin fix und fertig.

¡Ni en mi puta!
nicht in mein Hure
Im Leben nicht!

¡Cállate o te parto la boca!
schweig!-dich oder dich (ich-)teile die Mund
Sei ruhig oder du kriegst was auf die Schnauze!

Este tío no mueve el culo.
dieser Onkel nicht (er-)bewegt der Arsch
Der Typ ist unglaublich faul.

Feria de Málaga

©bn

Literaturhinweise

Leider sind Lehrbücher zum Andalusischen nur in spanischer Sprache erhältlich. Zu empfehlen für einen Einstieg, wenn auch wissenschaftslastig ist eine Hausarbeit von

Die hier genannten Bücher / Schriften sind nicht über den Reise Know-How Verlag Peter Rump zu beziehen.

- **Katrin Hertz: Das Andalusische – ein heterogener Dialekt des Kastilischen.** *(zu beziehen über* www.wissen.de*)*

Weitere Literatur zum Andalusischen gibt es leider nur auf Spanisch:

- **Antonio Narbona / Rafael Cano / Ramón Morillo: El español hablado en Andalucía.** Barcelona 1998.
- **Rafael Lapesa: Historia de la lengua española.** Editorial Gredos, S. A., 1981.
- **Javier Osuna / Erasmo Ubera: El lenguaje de la mar de Cádiz.** Sílex, 1998.
- **Pedro M. Payán Sotomayor: El habla de Cádiz.** Quorum libros editores, 1993.
- **Francisco Álvarez Curiel : Vocabulario Popular Andaluz.** Málaga 1991.

Aspekte zu Kultur / Tradition finden sich in:

- **José María de Mena: Costumbres Andaluzas.** Editorial Everest, S.A., 1992.
- **Georges Hausmer: Im Land der Mauren und Olivenhaine, Andalusische Streifzüge.** Picus 2001. *(Streifzug eines aufmerksamen Zuhörers und Beobachters durch die andalusischen Landschaften, kurzweilig.)*
- **Harald Irmberger: Andalusische Arabesken.** Artemis & Winkler, 2002. *(Literarisches Lesebuch zum Thema Andalusien, von García Lorca über Alberti bis Carlos Fuentes und Hemingway)*

Weiterer Titel für die Region von REISE KNOW-HOW

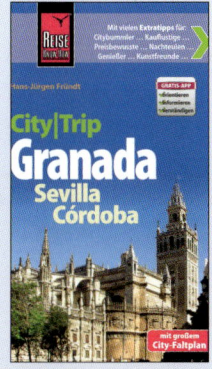

CityTrip

Granada, Sevilla, Córdoba

Hans-Jürgen Fründt

978-3-8317-2571-7

11,95 Euro [D]

Mit begleitendem Service für Smartphones, Tablets & Co.:

→ GPS-Daten aller beschriebenen Örtlichkeiten

→ Stadtplan als GPS-PDF

→ Verlauf der Stadtspaziergänge

→ Mini-Audiotrainer Spanisch

inklusive WEB APP

Viele reisepraktische Infos │ Sorgfältige Beschreibung der interessantesten Sehenswürdigkeiten │ Historische Hintergründe der Stadt Geschichte der Region │ Detaillierte Stadtpläne │ Empfehlenswerte Unterkünfte Restaurants aller Preisklassen │ Erlebnisreiche Stadtrundgänge Mit City-Faltplan zum Herausnehmen │ 144 Seiten

www.reise-know-how.de

Weitere Titel für die Region von REISE KNOW-HOW

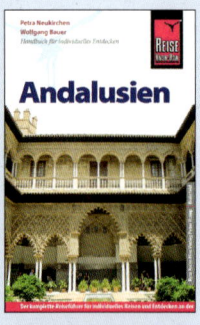

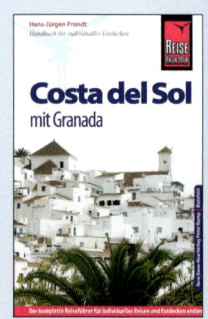

Andalusien

P. Neukirchen, W. Bauer
978-3-8317-2509-0
720 Seiten

24,90 Euro [D]

Costa de la Luz
mit Sevilla

H.-J. Fründt
978-3-8317-2788-9
360 Seiten

14,90 Euro [D]

Costa del Sol
mit Granada

H.-J. Fründt
978-3-8317-2412-3
348 Seiten

14,90 Euro [D]

Mit REISE KNOW-HOW
ans Ziel Landkarten

**aus dem *world mapping project*™
bieten beste Orientierung – weltweit.**

wmp   andalusien · andalusia   1:350 000

1:350 000

andalusien

andalusia
andalousie
andalucía
андалусия

- reiß- und wasserfest
- rip & waterproof
- indéchirable et imperméable
- irrompible & impermeable
- нерушащаяся и водонепроницаемая

world mapping project

andalusien · andalusia   1:350 000

**Landkarte
Andalusien
(1:350.000)
ISBN 978-3-8317-7241-4
8,90 Euro [D]**

- Aktuell über **190** Titel lieferbar
- Optimale Maßstäbe ▪ 100%ig wasserfest
- Praktisch unzerreißbar ▪ Beschreibbar wie Papier ▪ GPS-tauglich

Wörterliste Deutsch – Spanisch

©bn

Blumen-Patio in Córdoba

Die Wörterlisten enthalten jeweils etwa 1000 Wörter, die einen soliden Grundwortschatz darstellen. Vokabular, das besser in den einzelnen Kapiteln gefunden werden kann, ist hier nicht immer aufgenommen. Regelmäßige weibliche Hauptwörter (Substantive) haben die Endungen -a, -ión, -ad, -z, regelmäßige männliche Substantive haben die Endungen: -o, -or, -n, -l. Alle Hauptwörter, die keine regelmäßige Endung haben, sind mit „m" oder „w" gekennzeichnet.

A

ab a partir de
abbiegen doblar
Abend: zu Abend essen cenar
Abendessen cena
aber pero
abhängen depender
abreisen partir
Absicht intención
Achtung atención, mucho ojo
Adresse dirección
Aids SIDA
alle todos
allein sólo
allein (nur) solamente (U)
alles todo
allgemein en general
also pues
alt viejo
an en, cerca de
anbieten ofrecer
andalusisch andaluz
Andenken recuerdo
anderer otro
Anfang comienzo
anfangen empezar
angeln pescar

angenehm agradable
Angst miedo
ängstlich ansioso
anhalten pararse
ankommen llegar
Annonce (Zeitung) anuncio
anschalten prender, encender
ansehen mirar
anstellen, sich hacer cola
antworten contestar
anzeigen anunciar
anziehen ponerse
anziehen, sich vestirse
Anzug traje (m)
Apotheke farmacia
Arbeit trabajo
arbeiten trabajar, pencar
Arbeiter obrero
arm pobre
Arm brazo
Art manera
Arzt médico
Aschenbecher cenicero
auch también
auch nicht tampoco

auf sobre
aufhören acabar, terminar
aufpassen cuidar
aufräumen arreglar
aufschreiben notar
aufstehen levantarse
aufwachen despertarse
Aufzug ascensor
aus de, desde
Ausflug excursión
Ausgang salida
ausgebucht completo
ausgehen salir
ausgezeichnet excelente
Ausländer guiri, extranjero
ausländisch extranjero
ausreichend suficiente
ausruhen, sich descansar
ausschalten apagar
Aussicht vista
aussteigen bajar
auswählen elegir
Ausweis documento de identidad (D.N.I.)

ausziehen (Kleidung) sacarse, quitarse
Auto coche (m)
Autobahn autopista
Autokennzeichen placa de matrícula

B

Baby bebé (m)
Bäckerei panadería
Bademantel albornoz (m)
baden bañarse
Badewanne bañera
Badezimmer baño
Bahnhof estación de ferrocarril
bald pronto
Bank (Geld) banco
bar: in b. efectivo
Batterie pila, batería
bauen construir
Beamter funcionario
beeilen, sich apurarse
beeindruckend impresionante
beenden terminar, acabar
befinden, sich estar, encontrarse
begleiten acompañar

behandeln atender
Bein pierna
Beispiel (zum B.) ejemplo (por e.)
bekannt conocido
bekommen recibir, conseguir
bemerken darse cuenta de
Benzin gasolina
beobachten observar
bequem cómodo
berühren tocar
Beschwerde queja, reclamación
besonders especialmente
besuchen visitar
Bett cama
Bettlaken sábana
bevorzugen preferir
bewegen mover
bewundern admirar
bezahlen pagar
beziehen auf, sich referirse a
Beziehung vínculo, relación
Bier cerveza
Bild cuadro, dibujo
billig barato, económico
bis (zeitl.) hasta

bitte! ¡por favor!
bitten pedir, rogar
bitter amargo
Blatt (Papier / Baum) hoja
bleiben quedarse
Bleistift lápiz (m)
blond rubio
Blume flor
Boden suelo
Botschaft embajada
brauchen necesitar
brechen romperse
breit ancho, amplio
Brief carta
Brille gafas (Mz)
bringen traer
Buch libro
buchstabieren deletrear
Bügeleisen plancha
bügeln planchar
Bürgersteig acera
Büro escritorio, oficina, despacho
Bürste cepillo
Bus autobús (m)

C

Café bar (m)
Chef jefe (m)

Chemische Reinigung tintorería

D

da allí
Dach techo
dafür (sein) (estar) en favor
dagegen (sein) (estar) en contra
damit para que
danke! ¡gracias!
dann entonces, luego
das da eso
dass que
dauern tardar, demorar
Dauerwelle permanente (w)
Decke (Bett) manta
Demonstration manifestación
denken pensar
deutsch alemán
Deutsche alemana
Deutscher alemán
Diät régimen (m)
dick gordo
dies este
Diesel diesel
Disko discoteca
doof estúpido

Dorf pueblo
dort allá
dort hinten en el fondo
draußen afuera
drinnen dentro
dünn fino, canino
durch por
Dusche ducha

E

echt puro
egal, es ist da igual
Ehe matrimonio
Ehefrau esposa, parienta
Ehemann marido, esposo
Ei huevo
Eigentümer dueño
Eimer balde (m)
einfach simple, fácil
einfarbig monocolor
Eingang entrada
einladen invitar
einpacken envolver
Eintrittskarte entrada
einverstanden sein estar de acuerdo
einwandern inmigrar

Einwanderungs-behörde migración
Einwohner habitante (m)
einzig único
Eis helado
elektrisch eléctrico
Eltern padres (Mz)
empfehlen recomendar
Ende fin (m)
endlich por fin, finalmente
eng estrecho
englisch inglés
entfernen quitar
entscheiden, sich decidirse
Entschuldigung perdón
entspannt relajado
enttäuscht desilusionado
Erdgeschoß planta baja
Erfolg éxito
erfreut encantado
erholen, sich recuperarse, relajarse
erinnern, sich acordarse, recordar
erklären explicar

erlauben permitir
Ersatzteil pieza de recambio
erster primero
Erwachsener adulto, mayor
erzählen contar
essen comer, zampar
Etage piso
etwas algo

F

Fabrik fábrica
Fahne bandera
fahren (allgemein) ir, andar
fahren (lenken) conducir
Fahrkarte billete (m)
Fahrkartenschalter taquilla
Fahrrad bicicleta
Falle trampa
fallen caer
falsch falso
Farbe color
Farm estancia
fehlen faltar
fein fino
Fenster ventana, ventanilla

Fernsehserie telenovela
fertig listo
Fest (Feier) fiesta
Fett grasa
feucht mojado, húmedo
Feuer fuego
Feuerwehr bomberos (Mz)
Film (Kino) película
Film (Foto) carrete (m)
finden encontrar
Finger dedo
Flasche botella
Fleisch carne (w)
Flug vuelo
Flughafen aeropuerto
Flugzeug avión (m)
Flur pasillo
Fluss río
folgend siguiente
fotografieren sacar fotos
fragen preguntar
Frau señora
Fräulein señorita
frei libre
freuen, sich alegrarse

Freund amigo, novio, compadre
Freundin amiga, novia
freundlich amable
Friedhof cementerio
Friseur peluquería
Frisur peinado
früh temprano
Frühstück desayuno
fühlen sentirse
funktionieren andar
für para, pa'
Fuß pie (m)
Fuß: zu F. gehen caminar, andar a pie
Fußball fútbol (m)

G

ganz todo, entero
Gardine cortina
Garten jardín (m)
Gast invitado
Gebäude edificio
geben dar, diñar
geboren werden nacer
Gebühr tarifa
Geburtstag cumpleaños (Mz)
Geburtstag haben cumplir años

gefährlich peligroso
gefallen gustar
gefüllt relleno
Gegend región
gegenüber enfrente de
gehen ir, andar, pirar
Geld plata, dinero
Gelegenheit oportunidad
gemischt mixto
Gemüse verdura
genießen disfrutar
genügend suficiente
Gepäck equipaje (m)
gerade eben recién
Geräusch ruido
Geschäft tienda
Geschäftsführer gerente (m)
geschehen suceder
Geschenk regalo
Geschichte historia
Geschirr vajilla
geschlossen cerrado
Geschmack gusto
Gesicht cara
gestern ayer
gestern abend anoche
gesund sano
Gesundheit salud (w)
Getränk bebida

Gewerkschaft sindicato
Gewicht peso
gewinnen ganar
gibt: es g. hay
Glas (Becher) vaso
Glas (Material) cristal, vidrio
glatt (Haare) liso
Glaube fe (w)
glauben creer
gleich igual, mismo
gleich (sofort) en seguida, ahora mismo
Glück suerte (w)
glücklich feliz
Glückwunsch felicidades (w Mz)
Gold oro
Gott Dios
grausam cruel
Grill (im Haus) parrilla, asador
groß grande
Größe tamaño
größer (älter) mayor
Grund razón (w)
Gruß saludo
Gürtel cinturón
gut bueno, bien (U)

H

Haar cabello
Haarschnitt corte (m)
haben (besitzen)
 tener
haben (Hilfsverb)
 haber
Hafen puerto
halb medio
Haltestelle parada
Hammer martillo
Hand mano (w)
handeln tratar
Handtasche bolso
Handtuch toalla
hängen colgar
hart duro
Hase conejo
hässlich feo
Hauptstadt capital
 (w)
Haus casa
Hause, nach a casa
Hause, zu (bei mir)
 en (mi) casa
Häuserblock cuadra
Hausmeister
 conserje (m)
heiraten casarse
heiß caliente
heißen llamarse
Heizung calefacción

helfen ayudar
hell luminoso, claro
Hemd camisa
herausziehen sacar
herein! ¡adelante!
Herr señor
Herz corazón
heute hoy
hier aquí
hinaufgehen subir
hinausgehen salir
Hinfahrt ida
hinten detrás
hinter detrás de
hinuntergehen bajar
Hitze calor, calá
hoch alto
Hochzeit boda
hoffen esperar
hoffentlich ojalá
Holz madera
hören escuchar, oír
Hose pantalón
hübsch lindo
Hund perro
Hunger hambre (w)
Hütte cabaña,
 barraca

I

Idee idea
immer siempre

Impfung vacunación
in en
Inhalt contenido
irgendein algún
irren, sich
 equivocarse

J

ja sí
Jacke chaqueta
Jahr año
jeder cada
jemand alguien
jenes aquello
jetzt ahora
jung jóven
Junge chico

K

Kaffee café (m)
kalt frío
Kamera cámara
 fotográfica
kämmen, sich
 peinarse
kämpfen luchar
kaputt roto,
 estropeado
Kasse caja
kassieren cobrar
kaufen comprar

kaum apenas
kein ningún
Kellner camarero
kennen conocer
kennen lernen, sich conocerse
Kerze vela, candela
Kind niño, niña
Kindergarten jardín (m) de infancia
Kino cine (m)
Kirche iglesia
Kiste caja
klar claro
Klavier piano
Kleid vestido
Kleidung ropa
klein pequeño
Klempner hojalatero
Klimaanlage aire (m) acondicionado
Kneipe bar (m)
Knoblauch ajo
Knopf botón
kochen (etw.) cocinar
kochen (sieden) hervir
Kochtopf olla, marmita, cazuela
Koffer maleta
Kohle carbón
kommen venir, llegar

kommen aus provenir
können poder
Konzert concierto
Kopf cabeza
Kopfsalat lechuga
Korkenzieher destapador
kosten costar
krank enfermo
Krankenhaus hospital (m)
Krankenkasse seguridad social
Krankenschwester enfermera
Kravatte corbata
Kreditkarte tarjeta
Küche cocina
Kuchen torta
Kugelschreiber boli (m)
Kühlschrank heladera
Künstler artista (m)
Kunstwerk artefacto
Kuss beso
küssen besar

L

lachen reír
Laden tienda

Lampe (Birne) lámpara
Land país (m)
Landesinnere interior
Landhaus quinta, casa de campo
Landkarte mapa (m)
Landschaft paisaje (m)
Landstraße carretera
lang largo
langärmelig de mangas largas
lange, sehr (Zeit) mucho tiempo
längs (entlang) a lo largo
langsam despacio
langweilig aburrido
Lärm ruido
lassen dejar
laut alto
leben vivir
Leben vida
Lebensmittel alimentos (Mz)
lecker rico
Leder cuero
leer vacío
legen poner
leicht (einfach) fácil
leicht (Gewicht) ligero

leiden sufrir
leider lamentablemente
lernen aprender, estudiar
lesen leer
letzter último
Leute la gente (Ez)
Licht luz (w)
Liebe amor
lieben querer, amar
Lied canción
linker izquierdo
Lippenstift lápiz (m) de labios
Lohn (Gehalt) sueldo
Lotto lotería (m)
Luft aire (m)
Lust ganas (Mz)
lustig divertido

M

machen hacer
Mädchen chica, muchacha
mal (una) vez
malen (an-) pintar
Maler pintor
man se, uno
manchmal a veces
Mantel abrigo

Markt mercado (de abastos)
Marmelade mermelada
Maschine máquina
Meer mar (m)
Mehl harina
mehr más
meinen opinar, pensar
Meinung opinión
Mensch hombre
Messer cuchillo
mieten alquilarse
Milch leche (w)
mindestens por mínimo
Mineralwasser agua mineral
mit con
mitnehmen llevar
Mittag mediodía (m)
Mittag essen almorzar
Mittagspause siesta
Möbel muebles (Mz)
modisch a la moda
möglich posible
Monat mes (m)
morgen mañana
Morgen mañana
Motorrad motocicleta

müde cansado, esmulabao
Mühe pena
Münze moneda
Muschel mejillón
müssen deber, tener que
Mutter madre (w)

N

nach (zeitl.) después
Nachmittag tarde (w)
Nachname apellido
Nachrichten noticias (Mz)
nachsehen (ermitteln) averiguar
nächster próximo
Nacht noche (w)
Nachtisch postre (m)
Nagel (Finger) uña
Nagel (Handwerk) clavo
nahe cerca
neben al lado de
nehmen tomar
nein no
neu nuevo
nicht no
nicht mehr ya no
noch aún, todavía
noch ein otro

Norden norte (m)
notwendig necesario
Nummer número
nur solamente
nützlich útil

O

ob si
oben arriba
Obst fruta
Ofen (Herd) horno
offen abierto
öffnen abrir
oft frecuentemente,
a menudo
Ohr oreja
Öl aceite (m)
Omelett tortilla
Ort lugar (m),
ubicación
Ostern Pascua

P

Paket paquete (m)
Papier papel
Paprikapulver
pimentón
Parfum perfume (m)
parken (Auto)
aparcar

Parkett (Theater)
parquet
Parkplatz
aparcamiento
Pass pasaporte (m)
Passagier pasajero
passieren pasar
pensioniert jubilado
Personalausweis
carnet (documento)
de identidad
(Abk.: D.N.I)
Pfanne sartén (w)
Pfeffer pimienta,
ají (m)
Pferd caballo
Pflaster esparadrapo
Plastik plástico
Platz plaza
Polizei guardia,
policía
Post correo(s)
Postkarte postal
Praxis (Arzt-)
consultorio
Praxis (Übung)
práctica
Preis precio
probieren probar
Prost salud
Prüfung examen (m)
Pullover jersey
Punkt punto

pünktlich
puntualmente (U)
Puppe muñeca

Q

Quelle fuente (w)

R

Rabatt descuento
Radiergummi goma
de borrar
Radio radio (w)
rasieren, sich
afeitarse
Ràt geben aconsejar
rauchen fumar
Raum sala
Rechnung cuenta
Recht derecho
rechts a la derecha
rechtzeitig a tiempo
Regen lluvia
Regierung gobierno
regnen llover
reich rico
Reihe, an der
de turno
reingehen entrar
Reis arroz (m)
Reise viaje (m)

Reisebüro agencia de viajes

Reiseführer guía (m) de viaje

reisen viajar

Reparatur reparación

Rezept receta

Richtung dirección

Ring anillo

Rock falda

Rotwein vino tinto

Rückfahrt vuelta

Rückkehr regreso

rufen llamar

ruhig tranquilo

ruhig sein achantarse

rund redondo

S

Sache cosa

Saft jugo

sagen decir

Sahne (süße) crema

Saison (Hoch-) temporada (alta)

Saison (Neben-) temporada (baja)

Salat ensalada

Salz sal (w)

Sammlung colección

Sand arena

Satz frase (w)

sauber limpio

scharf (gewürzt) picante

Schatten sombra

schauen mirar

Schaufenster vidriera

Schauspiel (Drama) espectáculo, sesión

Scheibenwischer limpiaparabrisas (m)

scheinen parecer

Scheinwerfer faro

Scheiße! ¡mierda!

schicken enviar, mandar

Schirm (Regen-) paraguas (m)

Schirm (Sonnen-) sombrilla

schlafen dormir

Schlag golpe (m)

Schläger (Tennis-) raqueta (de tenis)

Schlagloch bache

Schlange (Tier) víbora

Schlange stehen hacer cola

schlecht mal

schlechter peor

schließen cerrar

Schloss (Tür-) herramiento

Schloss (Vorhänge-) candado

Schlüssel llave (w)

schmecken gustar

Schmerz dolor

schminken, sich maquillarse

schmutzig sucio

Schnee nieve (w)

schneiden (ab-) cortar

schneien nevar

schnell rápido

Schokolade chocolate (m)

schon ya

schön hermoso

Schrank armario

Schraubenzieher destornillador

schreiben escribir

schreien gritar

Schublade cajón

Schuh zapato

Schuld culpa

Schule escuela, colegio

Schüler alumno

schwer pesado

schwierig difícil

Schwimmbad piscina

schwimmen nadar
schwindelig mareado
See lago
sehen ver
sehr muy
Seide seda
Seife jabón
sein (Verb) estar, ser
seit desde hace
Seite (Buch) página
Seite (Straße) lado
selbstverständlich por supuesto
setzen, sich sentarse
Shampoo champú (m)
sich se
sicherlich seguramente (U)
Silber plata
singen cantar
Sitzplatz asiento
Ski esquí (m)
Ski fahren esquiar
so así, tan
sofort en seguida
Sonderangebot oferta
sondern sino
Sonne sol (m)
sonnen, sich broncearse

Sonnenblume girasol (m)
sonst noch etwas algo más
Sorgen machen, sich preocuparse
Soße salsa
so viel tanto
Spanier español
Spanierin española
spanisch español
spät tarde
später después
spazieren gehen pasear
spenden donar
Spiegel espejo
spielen (Gitarre) tocar (la guitarra)
spielen jugar
Spielzeug juguete (m)
Sport deporte (m)
Sportplatz campo de deportes
sprechen hablar
Spülmittel detergente (m)
Staat estado
Stadt ciudad
Stadtbücherei biblioteca municipal
Stadtmitte centro
Stadtplan mapa (m)

Stadtteil barrio
stark fuerte
Staubsauger aspiradora
Stecker ficha
stehen bleiben detenerse
Stein piedra
Stelle lugar (m)
stellen colocar, poner
sterben morir(se)
Steuern impuestos (Mz)
Stewardess azafata
Stockwerk piso
Strafe pena
Strand playa
Straße calle (w)
Straße, breite avenida
Straßenschild rótulo de la calle
Strauß (Blumen-) ramo (de flores)
Streichholz fósforo
Streik huelga
streiten, sich pelearse
Stück pedazo, trozo
Stuhl silla
Stunde hora
suchen buscar
Süden sur (m)

südlich austral

Supermarkt supermercado

Suppe sopa

T

Tag día (m)

Tal valle (m)

Tankstelle estación de servicio

Tankwart gasolinero

Tannenbaum pino

Tanz baile (m)

tanzen bailar, danzar

Tasche bolso

Taschenmesser navaja

Tasse taza

taub sordo

Taube paloma

Tee té (m)

Teil parte (w)

teilen (Zimmer) compartir (habitación)

Telefon teléfono

Telefonbuch guía telefónica

Telefonmünze ficha (telefónica)

Telefonnummer número de teléfono

Teller plato

Tennis tenis (m)

Teppich alfombra

Tesafilm cinta adhesiva transparente

teuer caro

Tier animal (m)

Tisch mesa

Titelseite portada

Toilette baño

Toilettenpapier papel higiénico

toll (super) estupendo, chupi

Topf olla

töten matar

Toto (Spiel) quinielas

tragen llevar

traurig triste

Treffen encuentro

trinken beber, tomar, privar

Trinkgeld propina

trocken seco

Tür puerta

Tüte bolsa

Typ tipo

typisch típico

U

üben practicar

über (auf) sobre

Überfluss: im Ü. abundante

überhaupt en absoluto

Überweisung (Bank) transferencia

überzeugt convencido

übrig bleiben quedar

Ufer orilla

Uhr reloj (m)

umarmen abrazar

umsteigen cambiar

umtauschen cambiar

umziehen (Wohnung) mudarse

umziehen, sich cambiarse

und y

Unfall accidente (m)

ungefähr alrededor, más o menos

Universität facultad, universidad

unmodisch mala onda

unmöglich imposible

Unordnung desorden

unten abajo

unter debajo de

Unterbrechung interrupción

Unterdrückung represión

unterhalten, sich conversar, charlar

Unterschied diferencia

unterschiedlich diferente

Unterschrift firma

untersuchen revisar

V

Vater padre (m)

verabreden, sich quedarse

verbieten prohibir

verbringen (Ferien) pasar las vacaciones

verdienen ganar

vergessen olvidar

vergnügen, sich divertirse

verheiratet casado

verkaufen vender

Verkehr (Straßen-) tránsito

verlieben, sich enamorarse

verliebt enamorado

verlieren perder, palmar

vermieten alquilar

verrückt loco, majarao, chalao

verschieben (zeitl.) aplazar

Verschmutzung contaminación

Versicherung seguro

Verspätung retraso

versprechen prometer

verstehen entender

versuchen intentar

Vertrag contrato

vertrauen confiar

Vieh ganado

viel mucho, un montón

vielleicht quizás

Vogel pájaro

voll lleno

völlig totalmente

von de

vor (örtl.) delante de

vor (zwei Monaten) hace (dos meses)

Voraus: im V. previamente

vorbereiten preparar

Vorgang (bürokrat.) asunto (m)

vorher antes

Vorname nombre (m)

vorne delante

Vorschlag propuesta

vorstellen (Personen) presentar

vorstellen, sich (sich bekannt machen) presentarse

vorstellen, sich etw. imaginarse

Vorstellung (Theater) función, sesión

Vorwahl código

W

Waffe arma (m)

Wagen coche (m)

Wagen (Supermarkt) carro

während durante

Wahrheit verdad

Wald bosque (m)

Wand pared (w)

warten esperar

waschen lavar

waschen, sich lavarse

Waschmaschine lavarropas (m)

Wasser agua

wegen por

weggehen irse, salir

wegwerfen tirar

weh tun doler

weich suave
Weihnachten Navidad
Wein vino
weinen llorar
Weintraube uva
Weißwein vino blanco
weit entfernt lejos
weitergehen avanzar
Welle ola, onda
Welt mundo
wenig poco
weniger menos
wenn (falls) si
Werbung publicidad
werden hacerse (Beruf), ponerse
werfen tirar
Werkstatt taller (m)
Wert valor
wertvoll valioso
Westen oeste (m)
Wetter tiempo
wichtig importante
wie (Vergleich) como
wieder otra vez, de nuevo
wieder tun volver a hacer
wiederholen repetir
willkommen bienvenido

Wind viento
wirklich realmente (U)
wissen saber
Woche semana
Wochenende fin (m) de semana
wohnen vivir
Wohnung piso
Wohnzimmer sala
Wolke nube (w)
Wolle lana
wollen querer
Wort palabra
wundern, sich extrañarse
wünschen desear
würzen radicar

z

zählen contar
Zahn diente (m), muela
Zahnarzt dentista
Zahnpasta crema dental, dentífrico
zärtlich cariñoso
Zeh dedo
Zeichnung diseño
zeigen mostrar
Zeit tiempo
Zeitschrift revista
Zeitung diario

Zelt tienda de campaña
Zettel papel, formulario
Zeuge testigo
ziehen sacar
Ziel meta
ziemlich bastante
Zigarette cigarillo
Zimmer habitación
Zoll aduana
zu (nach) a, hacia
zu viel demasiado
Zucht (von Tieren) cría de ganado
zuerst primero
zufrieden contento
Zug tren (m)
zurechtmachen, sich arreglarse
zurück a la vuelta, atrás
zurückkommen volver
zusammen juntos
zusätzlich adicional
Zuschlag adjudicación
Zustand estado
Zweifel duda
zwischen entre

Wörterliste Spanisch – Deutsch

A

a zu (nach)
a casa nach Hause
a la derecha rechts
a la moda modisch
a la vuelta zurück
a lo largo längs, entlang
a menudo oft
a partir de ab
a tiempo rechtzeitig
a veces manchmal
abajo unten
abierto offen
abrazar umarmen
abrigo Mantel
abrir öffnen
abundante im Überfluss
aburrido langweilig
acabar aufhören
acabar beenden
accidente (m) Unfall
aceite (m) Öl
acera Bürgersteig
achantarse ruhig sein
acompañar begleiten
aconsejar Rat geben

acordarse sich erinnern
¡adelante! herein!
adicional zusätzlich
admirar bewundern
aduana Zoll
adulto Erwachsener
aeropuerto Flughafen
afeitarse sich rasieren
afuera draußen
agencia de viajes Reisebüro
agradable angenehm
agua Wasser
agua mineral Mineralwasser
ahora (mismo) jetzt, gleich, sofort
aire (m) Luft
aire (m) acondicionado Klimaanlage
ají (m) Pfeffer, Chili
ajo Knoblauch
al lado de neben
albornoz (m) Bademantel
alegrarse sich freuen
alemán deutsch; Deutscher

alemana Deutsche
alfombra Teppich
algo etwas
algo más sonst noch etwas
alguien jemand
algún irgendein
alimentos (Mz) Lebensmittel
allá dort
allí da
almorzar Mittag essen
alquilar vermieten
alquilarse mieten
alrededor ungefähr
alto hoch; laut
alumno Schüler
amable freundlich
amar lieben
amargo bitter
amiga Freundin
amigo Freund
amor Liebe
amplio breit
ancho breit
andaluz andalusisch
andar a pie zu Fuß gehen
andar gehen, fahren (allg.), funktionieren

anillo Ring
animal (m) Tier
año Jahr
anoche gestern abend
ansioso ängstlich
antes vorher
anunciar anzeigen
anuncio Annonce (Zeitung)
apagar ausschalten
aparcamiento Parkplatz
aparcar parken (Auto)
apellido Nachname
apenas kaum
aplazar verschieben (zeitl.)
aprender lernen
apurarse sich beeilen
aquello jenes
aquí hier
arena Sand
arma (m) Waffe
armario Schrank
arreglar aufräumen
arreglarse sich zurechtmachen
arriba oben
arroz (m) Reis
artefacto Kunstwerk
artista (m) Künstler
asador Grill (im Haus)

ascensor Aufzug
así so
asiento Sitzplatz
aspiradora Staubsauger
asunto Vorgang (bürokratischer)
atención Achtung
atender behandeln
atrás zurück
aún noch
austral südlich
autobús (m) Bus
autopista Autobahn
avanzar weitergehen
avenida breite Straße
averiguar nachsehen, ermitteln
avión (m) Flugzeug
ayer gestern
ayudar helfen
azafata Stewardess

B

bache Schlagloch
bailar tanzen
baile (m) Tanz
bajar aussteigen, hinunterfahren
balde (m) Eimer
bañarse baden
banco Bank (Geld)

bandera Fahne
bañera Badewanne
baño Badezimmer, Toilette
bar (m) Café, Kneipe
barato billig
barraca Hütte
barrio Stadtteil
bastante ziemlich
batería Batterie
bebé (m) Baby
beber trinken
bebida Getränk (allg.)
besar küssen
beso Kuss
biblioteca municipal Stadtbücherei
bicicleta Fahrrad
bien gut (U)
bienvenido willkommen
billete (m) Fahrkarte
boda Hochzeit
boli (m) Kugelschreiber
bolsa Tüte
bolso (Hand-)Tasche
bomberos (Mz) Feuerwehr
bosque (m) Wald
botella Flasche
botón Knopf
brazo Arm

broncearse
 sich sonnen
bueno gut
buscar suchen

c

caballo Pferd
cabaña Hütte
cabello Haar
cabeza Kopf
cada jeder
caer fallen
café (m) Kaffee
caja Kasse, Kiste
cajón Schublade
calefacción Heizung
caliente heiß
calle (w) Straße
calor Hitze
cama Bett
cámara fotográfica
 Kamera
camarero Kellner
cambiar umsteigen,
 umtauschen
cambiarse
 sich umziehen
caminar
 zu Fuß gehen
camisa Hemd
campo de deportes
 Sportplatz

canción Lied
candado Schloss
 (Vorhänge-)
candela Kerze
canino dünn
cansado müde
cantar singen
capital (w)
 Hauptstadt
cara Gesicht
carbón Kohle
cariñoso zärtlich
carne (w) Fleisch
**carnet (documento)
 de identidad (D.N.I.)**
 Personalausweis
caro teuer
carrete (m) Film (Foto)
carretera Landstraße
carro Wagen
 (Supermarkt)
carta Brief
casa Haus
casa de campo
 Landhaus
casado verheiratet
casarse heiraten
cazuela Kochtopf
cementerio Friedhof
cena Abendessen
cenar zu Abend essen
cenicero
 Aschenbecher

centro Stadtmitte
cepillo Bürste
cerca nahe
cerca de an
cerrado geschlossen
cerrar schließen
cerveza Bier
chalao verrückt
champú (m)
 Shampoo
chaqueta Jacke
charlar
 sich unterhalten
chica Mädchen
chico Junge
chocolate (m)
 Schokolade
chupi toll, super
cigarillo Zigarette
cine (m) Kino
**cinta adhesiva
 transparente**
 Tesafilm
cinturón Gürtel
ciudad Stadt
claro hell, klar
clavo Nagel
 (Handwerk)
cobrar kassieren
coche (m) Auto,
 Wagen
cocina Küche
cocinar kochen (etw.)

código Vorwahl
colección Sammlung
colegio Schule
colgar hängen
colocar stellen
color Farbe
comer essen
comienzo Anfang
como wie (Vergleich)
cómodo bequem
compadre Freund
compartir (habitación) teilen (Zimmer)
completo ausgebucht
comprar kaufen
con mit
concierto Konzert
conducir fahren, lenken
conejo Hase
confiar vertrauen
conocer kennen
conocerse sich kennen lernen
conocido bekannt
conseguir bekommen
conserje (m) Hausmeister
construir bauen

consultorio Praxis (Arzt)
contaminación Verschmutzung
contar erzählen, zählen
contenido Inhalt
contento zufrieden
contestar antworten
contrato Vertrag
convencido überzeugt
conversar sich unterhalten
corazón Herz
corbata Kravatte
correo(s) Post
cortar schneiden, abschneiden
corte (m) Haarschnitt
cortina Gardine
cosa Sache
costar kosten
creer glauben
crema dental Zahnpasta
crema (süße) Sahne
cría de ganado Zucht (von Tieren)
cristal Glas (Material)
cruel grausam
cuadra Häuserblock
cuadro Bild

cubierto Besteck
cuchillo Messer
cuenta Rechnung
cuero Leder
cuidar aufpassen
culpa Schuld
cumpleaños (Mz) Geburtstag
cumplir años Geburtstag haben

D

da igual es ist egal
danzar tanzen
dar geben
darse cuenta de bemerken
de aus, von
de mangas largas langärmelig
de nuevo wieder
de turno an der Reihe
debajo de unter
deber müssen
decidirse sich entscheiden
decir sagen
dedo Finger, Zeh
dejar lassen
delante de vor (örtl.)
delante vorne

deletrear buchstabieren

demasiado zu viel

demorar dauern

dentífrico Zahnpasta

dentista Zahnarzt

dentro drinnen

depender abhängen

deporte (m) Sport

derecho Recht

desayuno Frühstück

descansar sich ausruhen

descuento Rabatt

desde aus

desde hace seit

desear wünschen

desilusionado enttäuscht

desorden Unordnung

despacho Büro

despacio langsam

despertarse aufwachen

después nach (zeitl.), später

destapador Korkenzieher

destornillador Schraubenzieher

detenerse stehen bleiben

detergente (m) Spülmittel

detrás de hinter

detrás hinten

día (m) Tag

diario Zeitung

dibujo Bild

diente (m) Zahn

diesel Diesel

diferencia Unterschied

diferente unterschiedlich

difícil schwierig

diñar geben

dinero Geld

Dios Gott

dirección Adresse, Richtung

discoteca Disko

diseño Zeichnung

disfrutar genießen

divertido lustig

divertirse sich vergnügen

doblar abbiegen

documento de identidad (D.N.I.) Ausweis

doler weh tun

dolor Schmerz

donar spenden

dormir schlafen

ducha Dusche

duda Zweifel

dueño Eigentümer

durante während

duro hart

E

económico billig

edificio Gebäude

efectivamente wirklich (U)

efectivo (in) bar

ejemplo (por e.) Beispiel (zum B.)

eléctrico elektrisch

elegir auswählen

embajada Botschaft

empezar anfangen

en an, in

en (mi) casa (bei mir) zu Hause

en absoluto überhaupt

en el fondo dort hinten

en general allgemein

en seguida gleich, sofort

enamorado verliebt

enamorarse sich verlieben

encantado erfreut

encender anschalten
encontrar finden
encontrarse
 sich befinden
encuentro Treffen
enfermera
 Krankenschwester
enfermo krank
enfrente de
 gegenüber
ensalada Salat
entender verstehen
entero ganz
entonces dann
entrada Eingang,
 Eintrittskarte
entrar hineingehen
entre zwischen
enviar schicken
envolver einpacken
equipaje (m) Gepäck
equivocarse
 sich irren
escribir schreiben
escritorio Büro
escuchar hören
escuela Schule
esmulabáo müde
eso das da
español spanisch;
 Spanier
española Spanierin
esparadrapo Pflaster

especialmente
 besonders
espectáculo
 Schauspiel (Drama)
espejo Spiegel
esperar hoffen,
 warten
esposa Ehefrau
esposo Ehemann
esquí (m) Ski
esquiar Ski fahren
estación de
 ferrocarril Bahnhof
estación de servicio
 Tankstelle
estado Staat,
 Zustand
estancia Farm
estar sein (Verb),
 sich befinden
estar de acuerdo
 einverstanden sein
estar en contra
 dagegen sein
estar en favor
 dafür sein
este dies
estrecho eng
estropeado kaputt
estudiar lernen
estupendo toll,
 super
estúpido doof

examen (m) Prüfung
excelente
 ausgezeichnet
excursión Ausflug
éxito Erfolg
explicar erklären
extrañarse
 sich wundern
extranjero Ausländer,
 ausländisch

F

fábrica Fabrik
fácil einfach, leicht
facultad Universität
falda Rock
falso falsch
faltar fehlen
farmacia Apotheke
faro Scheinwerfer
fe (w) Glaube
felicidades (w Mz)
 Glückwunsch
feliz glücklich
feo hässlich
ficha (telefónica)
 Telefonmünze
ficha Stecker
fiesta Fest (Feier)
fin (m) Ende
fin (m) de semana
 Wochenende

finalmente endlich
fino dünn, fein
firma Unterschrift
flor Blume
formulario Zettel
fósforo Streichholz
frase (w) Satz
frecuentemente oft
frío kalt
fruta Obst
fuego Feuer
fuente (w) Quelle
fuerte stark
fumar rauchen
función Vorstellung
  (Kino, Theater)
funcionario Beamter
fútbol (m) Fußball

G

gafas (Mz) Brille
ganado Vieh
ganar gewinnen,
  verdienen
ganas (Mz) Lust
gasolina Benzin
gasolinero Tankwart
gente (w) Leute
gerente (m)
  Geschäftsführer
girasol (m)
  Sonnenblume

gobierno Regierung
golpe (m) Schlag
goma de borrar
  Radiergummi
gordo dick
¡gracias! danke!
grande groß
grasa Fett
gritar schreien
guía (m) de viaje
  Reiseführer
guía telefónica
  Telefonbuch
guiri Ausländer
gustar gefallen,
  schmecken
gusto Geschmack

H

haber haben (Hilfsverb)
habitación Zimmer
habitante (m)
  Einwohner
hablar sprechen
hace (dos meses)
  vor (zwei Monaten)
hacer machen
hacer cola Schlange
  stehen, anstehen
hacerse
  werden (Beruf)
hacia zu (nach)

hambre (w) Hunger
harina Mehl
hasta bis (zeitl.)
hay es gibt
heladera
  Kühlschrank
helado Eis
hermoso schön
herramiento Schloss
  (Tür-)
hervir kochen, sieden
historia Geschichte
hoja Blatt
hojalatero Klempner
hombre Mensch
hora Stunde
horno Ofen (Herd)
hospital (m)
  Krankenhaus
hoy heute
huelga Streik
huevo Ei
húmedo feucht

I

ida Hinfahrt
idea Idee
iglesia Kirche
igual gleich
imaginarse sich
  etwas vorstellen
importante wichtig

imposible unmöglich
impresionante
  beeindruckend
impuestos (Mz)
  Steuern
inglés englisch
inmigrar einwandern
intención Absicht
intentar versuchen
interior Landesinnere
interrupción
  Unterbrechung
invitado Gast
invitar einladen
ir gehen, fahren (allg.)
irse weggehen
izquierdo linker

J

jabón Seife
jardín (m) Garten
jardín (m) de infancia
  Kindergarten
jefe (m) Chef
jersey Pullover
jóven jung
jubilado pensioniert
jugar spielen (Kinder)
jugo Saft
juguete (m) Spielzeug
juntos zusammen

L (LL)

lado Seite (Straße)
lado: al lado de
  neben
lago See
lamentablemente
  leider
lámpara Lampe
lana Wolle
lápiz (m) Bleistift
lápiz (m) de labios
  Lippenstift
largo lang
lavar waschen
lavarropas (m)
  Waschmaschine
lavarse sich waschen
leche (w) Milch
lechuga Kopfsalat
leer lesen
lejos weit entfernt
levantarse aufstehen
libre frei
libro Buch
ligero leicht (Gewicht)
limpiaparabrisas (m)
  Scheibenwischer
limpio sauber
lindo hübsch
liso glatt (Haare)
listo fertig
llamar rufen

llamarse heißen
llave (w) Schlüssel
llegar ankommen
lleno voll
llevar mitnehmen,
  tragen
llorar weinen
llover regnen
lluvia Regen
loco verrückt
lotería (m) Lotto
luchar kämpfen
luego dann
lugar (m) Ort, Stelle
luminoso hell
luz (w) Licht

M

madera Holz
madre (w) Mutter
majarao verrückt
mal schlecht
mala onda
  unmodisch
maleta Koffer
mañana morgen;
  Morgen
mandar schicken
manera Art
manifestación
  Demonstration
mano (w) Hand

manta Decke (Bett)
mapa (m) Landkarte, Stadtplan
maquillarse sich schminken
máquina Maschine
mar (m) Meer
mareado schwindelig
marido Ehemann
marmita Kochtopf
martillo Hammer
más mehr
más o menos ungefähr
matar töten
matrimonio Ehe
mayor größer, älter
mayor Erwachsener
médico Arzt
medio halb
mediodía (m) Mittag
mejillón Muschel
menos weniger
mercado (de abastos) Markt
mermelada Marmelade
mes (m) Monat
mesa Tisch
meta Ziel
miedo Angst
¡mierda! Scheiße!

migración Einwanderungsbehörde
mirar ansehen, schauen
mismo gleich
mixto gemischt
mojado feucht
moneda Münze
monocolor einfarbig
morir(se) sterben
mostrar zeigen
motocicleta Motorrad
mover bewegen
muchacha Mädchen
mucho viel
mucho ojo Achtung
mucho tiempo (sehr) lange (Zeit)
mudarse umziehen (Wohnung)
muebles (Mz) Möbel
muela Zahn
mundo Welt
muñeca Puppe
muy sehr

N

nacer geboren werden
nadar schwimmen
navaja Taschenmesser

Navidad Weihnachten
necesario notwendig
necesitar brauchen
nevar schneien
nieve (w) Schnee
niña Kind, Mädchen
ningún kein
niño Kind, Junge
no nein, nicht
noche (w) Nacht
nombre (m) Vorname
norte (m) Norden
notar aufschreiben
noticias (Mz) Nachrichten
novia Freundin
novio Freund
nube (w) Wolke
nuevo neu
número Nummer
número de teléfono Telefonnummer

O

obrero Arbeiter
observar beobachten
oeste (m) Westen
oferta Sonderangebot
oficina Büro
ofrecer anbieten
oír hören

ojalá hoffentlich
ola Welle
olla Topf, Kochtopf
olvidar vergessen
onda Welle
opinar meinen
opinión Meinung
oportunidad
  Gelegenheit
oreja Ohr
orilla Ufer
oro Gold
otra vez wieder
otro anderer,
  noch ein

P

pa' für
padre (m) Vater
padres (Mz) Eltern
pagar bezahlen
página Seite (Buch)
país (m) Land
paisaje (m)
  Landschaft
pájaro Vogel
palabra Wort
palmar verlieren
paloma Taube
panadería Bäckerei
pantalón Hose
papel Papier, Zettel

papel higiénico
  Toilettenpapier
paquete (m) Paket
para für
para que damit
parada Haltestelle
paraguas (m)
  Schirm
pararse anhalten
parecer scheinen
pared (w) Wand
parienta Ehefrau
parquet Parkett
  (Theater)
parrilla Grill
  (im Haus)
parte (w) Teil
partir abreisen
pasajero Passagier
pasaporte (m) Pass
pasar passieren
pasar las vacaciones
  die Ferien verbringen
Pascua Ostern
pasear spazieren
  gehen
pasillo Flur
pedazo Stück
pedir bitten
peinado Frisur
peinarse
  sich kämmen
pelearse sich streiten

película Film (Kino)
peligroso gefährlich
peluquería Friseur
pena Mühe, Strafe
pencar arbeiten
pensar denken,
  meinen
peor schlechter
pequeño klein
perder verlieren
perdón
  Entschuldigung
perfume (m) Parfum
permanente (w)
  Dauerwelle
permitir erlauben
pero aber
perro Hund
pesado schwer
pescar angeln
peso Gewicht
piano Klavier
picante scharf
  (gewürzt)
pie (m) Fuß
piedra Stein
pierna Bein
pieza de recambio
  Ersatzteil
pila Batterie
pimentón
  Paprikapulver
pimienta Pfeffer

pino Tannenbaum
pintar (an)malen)
pintor Maler
pirar gehen
piscina Schwimmbad
piso Stockwerk,
  Etage, Wohnung
placa de matricula
  Autokennzeichen
plancha Bügeleisen
planchar bügeln
planta baja
  Erdgeschoß
plástico Plastik
plata Silber, Geld
plato Teller
playa Strand
plaza Platz
pobre arm
poco wenig
poder können
policía Polizei
poner legen, stellen,
  setzen)
ponerse anziehen,
  werden
por durch, wegen
¡por favor! bitte!
por fin endlich
por mínimo
  mindestens
por supuesto
  selbstverständlich

portada Titelseite
posible möglich
postal Postkarte
postre (m) Nachtisch
práctica Übung
practicar üben
precio Preis
preferir bevorzugen
preguntar fragen
prender anschalten
preocuparse
  sich Sorgen machen
preparar vorbereiten
presentar vorstellen
  (Personen)
presentarse sich
  vorstellen, sich
  bekannt machen
previamente
  im Voraus
primero erster, zuerst
privar trinken
probar probieren
prohibir verbieten
prometer versprechen
pronto bald
propina Trinkgeld
propuesta Vorschlag
provenir kommen
  aus
próximo nächster
publicidad Werbung
pueblo Dorf

puerta Tür
puerto Hafen
pues also
punto Punkt
puntualmente
  pünktlich (U)
puro echt

Q

que dass
quedar übrig bleiben
quedarse bleiben,
  sich verabreden
queja Beschwerde
querer wollen, lieben
quinielas Toto (Spiel)
quinta Landhaus
quitar entfernen
quitarse ausziehen
  (Kleidung)
quizás vielleicht

R

radicar würzen
radio (w) Radio
ramo (de flores)
  (Blumen-)Strauß
rápido schnell
raqueta (de tenis)
  Schläger (Tennis)
razón (w) Grund

realmente wirklich (U)
receta Rezept
recibir bekommen
recién gerade eben
reclamación
  Beschwerde
recomendar
  empfehlen
recordar
  sich erinnern
recuerdo Andenken
recuperarse
  sich erholen
redondo rund
referirse a
  sich beziehen auf
regalo Geschenk
régimen (m) Diät
región Gegend
regreso Rückkehr
reir lachen
relación Beziehung
relajado entspannt
relajarse
  sich erholen
relleno gefüllt
reloj (m) Uhr
reparación Reparatur
repetir wiederholen
represión
  Unterdrückung
retraso Verspätung
revisar untersuchen

revista Zeitschrift
rico reich; lecker
río Fluss
rogar bitten
romperse brechen
ropa Kleidung
roto kaputt
rótulo de la calle
  Straßenschild
rubio blond
ruido Geräusch, Lärm

S

sábana Bettlaken
saber wissen
sacar fotos
  fotografieren
sacar (heraus)ziehen
sacarse ausziehen
  (Kleidung)
sal (w) Salz
sala Wohnzimmer,
  Raum
salida Ausgang
salir (hin)ausgehen,
  weggehen
salsa Soße
salud (w) Gesundheit
salud Prost
saludo Gruß
sano gesund
sartén (w) Pfanne

seco trocken
seda Seide
seguramente (U)
  sicherlich
seguridad social
  Krankenkasse
seguro Versicherung
semana Woche
señor Herr
señora Frau
señorita Fräulein
sentarse sich setzen
sentirse fühlen
ser sein (Verb)
sesión Vorstellung
  (Kino, Theater)
sí ja
si ob, wenn, falls
SIDA Aids
siempre immer
siesta Mittagspause
siguiente folgend
silla Stuhl
simple einfach
sindicato
  Gewerkschaft
sino sondern
sobre auf, über
sol (m) Sonne
solamente allein (U),
  nur
sólo allein
sombra Schatten

sombrilla Sonnenschirm
sopa Suppe
sordo taub
suave weich
subir hinauffahren, hinaufgehen
suceder geschehen
sucio schmutzig
sueldo Lohn (Gehalt)
suelo Boden
suerte (w) Glück
suficiente ausreichend, genügend
sufrir leiden
supermercado Supermarkt
sur (m) Süden

T

taller (m) Werkstatt
tamaño Größe
también auch
tampoco auch nicht
tan so
tanto so viel
taquilla Fahrkartenschalter
tardar dauern
tarde spät
tarde (w) Nachmittag

tarifa Gebühr
tarjeta Kreditkarte
taza Tasse
té (m) Tee
techo Dach
teléfono Telefon
telenovela Fernsehserie
temporada alta Hochsaison
temporada baja Nebensaison
temprano früh
tener haben, besitzen
tener que müssen
tenis (m) Tennis
terminar aufhören, beenden
testigo Zeuge
tiempo Zeit, Wetter
tienda Geschäft, Laden
tienda de campaña Zelt
tintorería chemische Reinigung
típico typisch
tipo Typ
tirar werfen, wegwerfen
toalla Handtuch
tocar berühren

tocar la guitarra Gitarre spielen
todavía noch
todo alles, ganz
todos alle
tomar nehmen, trinken
torta Kuchen
tortilla Omelett
totalmente völlig
trabajar arbeiten
trabajo Arbeit
traer bringen
traje (m) Anzug
trampa Falle
tranquilo ruhig
transferencia Überweisung (Bank)
tránsito (Straßen-)Verkehr
tratar handeln
tren (m) Zug
triste traurig
trozo Stück

U

ubicación Ort
último letzter
un montón viel
uña Nagel (Finger)
único einzig

universidad Universität
útil nützlich
uva Weintraube

V

vacío leer
vacunación Impfung
vajilla Geschirr
valioso wertvoll
valle (m) Tal
valor Wert
vaso Glas (Becher)
vela Kerze
vender verkaufen
venir kommen
ventana Fenster
ventanilla Fenster
ver sehen
verdad Wahrheit
verdura Gemüse
vestido Kleid
vestirse
  sich anziehen
vez mal
viajar reisen

viaje (m) Reise
víbora Schlange (Tier)
vida Leben
vidriera Schaufenster
vidrio Glas (Material)
viejo alt
viento Wind
vínculo Beziehung
vino Wein
vino blanco
  Weißwein
vino tinto Rotwein
visitar besuchen
vista Aussicht
vivir leben, wohnen
volver
  zurückkommen
volver a hacer
  wieder tun
vuelo Flug
vuelta Rückfahrt
vuelta: a la vuelta
  zurück

Y

y und

ya schon
ya no nicht mehr

Z

zampar essen
zapato Schuh

Die Autoren

Fernando Gallego Outón, 1975 in San Fernando (Cádiz) / Spanien geboren, hat an der Universität von Cádiz Hispanistik und Literaturwissenschaften studiert. 1998 erwarb er zusätzlich die Zulassung zum Lehramt. Er unterrichtet Spanisch an einem Gymnasium in der Nähe von Stuttgart. Er hat beim REISE KNOW-HOW Verlag bereits den Band „Spanisch kulinarisch" veröffentlicht.

Rüdiger Müller, 1966 geboren, studierte in Bielefeld und Cádiz Hispanistik, Soziologie und Geschichte. Spanisch lernte er bei seinem einjährigen Aufenthalt in Cádiz und zahlreichen Studien- und Arbeitsaufenthalten in Lateinamerika. Er lebt und arbeitet in Köln.